保育所児童保育要録
記入の実際と用語例

（公財）幼少年教育研究所・編

『保育所児童保育要録　記入の実際と用語例』
発刊にあたって

平成 30 年 4 月 1 日より施行の「保育所保育指針」にともない、平成 30 年 3 月 30 日付で、厚生労働省から「保育所保育指針の適用に際しての留意事項について」が発表されました。

当幼少年教育研究所では、「保育所児童保育要録研究委員会」を組織し、編集委員の間で調査・研究・討議を重ね、『保育所児童保育要録 記入の実際と用語例』を刊行する運びとなりました。

今回の「保育所保育指針」並びに「保育所児童保育要録」の改訂に照らし、用語例及びその内容を全面的に検討し直し、実際に保育要録を作成する際に、座右に置いて活用できるよう様々な改良をし、より使いやすくしました。

本書の主な特徴は、次の通りです。

1. 本書冒頭に折り込みがあり、赤と黒の 2 色刷りになっています。
   1 枚目には実際の記入例が示してあり、2 枚目には指導要録の記入上の注意点と各欄の記入時期を赤字で簡潔に示しています。
   さらに、本書での解説ページも記載していますので、見たい項目がひと目で引けるようになっています。

2. 各項目の初めには、記入に際して保育士が心得ていなければならないことやその項目の主旨について、わかりやすく説明しています。

3. 今回の「保育所児童保育要録」の改訂を受け、本書では、当「保育所児童保育要録研究委員会」が独自に作成した『発達経過記録』フォーマットを掲載し、「保育要録」に記述する際の 0 歳からの発達のつながりとエビデンスとなる用語例（0 歳から 4 歳児）を紹介しています。

4. 「〈保育に関する記録〉用語例」では、今回の「保育所保育指針」の改訂で新たな評価観点として示された「幼児期の終わりまでに育ってほしい姿（10 の姿）」について、【「最終年度の指導に関する記録」

の記入にあたり】と題して、最終年度の用語例の前で解説しています。

　また、最終年度（5歳児後半）の用語例の該当部分に下線を引き、①〜⑩までナンバリングし、「10の姿」との結び付きがわかるように工夫しています。そして、保育所と小学校教育との円滑な接続に向け、相互総合的に評価する書き方を紹介しています。

5. 第6章「子どもの捉え方と具体的な記入のポイント」では、文中で一般的に望ましくないと思われる箇所（記述表現）を赤字で示し、注意点を解説しています。

6. 各項目の説明の根拠となっている法令や厚生労働省の通知文については、「P.○○」のように表示し、巻末に法令や通知文の全文等を掲載していますので、すぐに照合することができます。

7. これまでに寄せられた多数の質問の中から、特に頻度の高かったもの、大切と思われるものを選び、「Q&A」としてまとめました。
　特に、初めて保育要録に取り組まれる際には参考になります。

　保育要録をまとめるにあたり、ご自分が客観的に書いた保育要録を保育士自身がさらに省察し、一人ひとりの児童の姿をまとめ上げるというプロセスを経ることで、保育士としての資質が磨かれていくことでしょう。

　編集に際しては、前回と同様今回もたくさんの方々のご助力をいただきました。そして、実際の記入例や原稿内容のチェックに精力的に取り組んでいただいた編集委員長の安見克夫先生、副編集委員長の兵頭惠子先生と執筆にあたった多くの所員、資料提供にご協力いただいた所員園、並びに整理の任にあたってご苦労をおかけした鈴木出版編集部のみなさんに心からお礼を申し上げる次第です。

平成31年1月

公益財団法人幼少年教育研究所 理事長　　**關　章信**

目次

平成 30 年度「指導要録」「保育要録」の改訂・施行を受けて ···· 8
保育所保育における教育とは ··· 12

1 保育要録の性格と取り扱い上の注意

1 保育要録の性格 ·· 18
2 保育要録の作成、送付、保存、原本と抄本・写し ·········· 19
3 保育要録の取り扱い上の注意 ······························ 20
4 保育要録の記入の時期 ·· 21
5 保育要録の記入上の注意 ······································ 22

2 〈入所に関する記録〉の記入のしかた

1 「児童」の欄 ·· 26
2 「保護者」の欄 ·· 27
3 「入所」の欄 ·· 28
4 「卒所」の欄 ·· 28
5 「就学先」の欄 ·· 29
6 「保育所名及び所在地」の欄 ································ 30
7 「施設長氏名」の欄 ·· 31
8 「担当保育士氏名」の欄 ······································31

3 〈保育に関する記録〉の記入のしかたと記入内容

1 「氏名・生年月日・性別」の欄 ······························ 34
2 「最終年度に至るまでの育ちに関する事項」の欄 ··············· 35

3 「保育の過程と子どもの育ちに関する事項」の欄 ………… 36
　（1）最終年度の重点 ………………………………………… 36
　（2）個人の重点 …………………………………………… 37
　（3）保育の展開と子どもの育ち ……………………… 38
　（4）特に配慮すべき事項 ………………………………… 40

4 『発達経過記録』から保育要録へ

1　保育記録の意義 ………………………………………………… 44
2　『発達経過記録』フォーマットの使い方 ………………… 48
◆0歳児（57日～3か月未満）　発達経過記録フォーマット ‥‥ 52
　【0歳児（57日～3か月未満)】用語例 …………………… 53
◆0歳児（3か月～6か月未満）　発達経過記録フォーマット ‥‥ 54
　【0歳児（3か月～6か月未満)】用語例 ………………… 55
◆0歳児（6か月～9か月未満）　発達経過記録フォーマット ‥‥ 56
　【0歳児（6か月～9か月未満)】用語例 ………………… 57
◆0歳児（9か月～12か月未満）　発達経過記録フォーマット ‥‥ 58
　【0歳児（9か月～12か月未満)】用語例 ……………… 59
◆0歳児（12か月～1歳2期）　発達経過記録フォーマット ‥‥ 60
　【0歳児（12か月～1歳2期)】用語例 ………………… 61
◆0歳児（1歳3期～1歳5期）　発達経過記録フォーマット …… 62
　【0歳児（1歳3期～1歳5期)】用語例 ………………… 63
◆1歳児・2歳児（共通)発達経過記録フォーマット ……… 64
　【1歳児】用語例 …………………………………………… 66
　【2歳児】用語例 …………………………………………… 72
◆3歳児・4歳児・5歳児（共通)発達経過記録フォーマット ‥‥ 78
　【3歳児】用語例 …………………………………………… 80
　【4歳児】用語例 …………………………………………… 91

5 〈保育に関する記録〉用語例

1 「幼児期の終わりまでに育ってほしい姿」を活用した
　　記入とは？ ……………………………………………………… 102
　　「幼児期の終わりまでに育ってほしい姿（10の姿）」を
　　読み取るためのチェックポイント ………………………… 106
2 「保育の過程と子どもの育ちに関する事項」用語例 ……… 112
3 「最終年度に至るまでの育ちに関する事項」用語例 ……… 129

6 子どもの捉え方と具体的な記入のポイント

1 子どもの捉え方 ……………………………………………… 132
2 具体的な記入のポイント …………………………………… 133
　　「保育の過程と子どもの育ちに関する事項」………………… 134
　　「最終年度に至るまでの育ちに関する事項」………………… 136

7 保育要録　Q & A

（1）保育要録について ………………………………………… 140
（2）〈入所に関する記録〉について ………………………… 143
（3）〈保育に関する記録〉について ………………………… 145
（4）その他 ……………………………………………………… 147

8 付録

児童福祉法（抄）……………………………………………… 150
児童福祉施設の設備及び運営に関する基準（抄）…………… 153
保育所保育指針 ………………………………………………… 154

保育所保育指針の適用に際しての留意事項について ………… 198

保育所児童保育要録に記載する事項 ……………………………… 204

学校教育法（抄）………………………………………………………… 210

学校教育法施行規則（抄）…………………………………………… 212

保育所児童保育要録研究委員会・編集委員 …………………… 215

平成30年度「指導要録」「保育要録」の改訂・施行を受けて

東京成徳短期大学　**安見克夫**

社会変化にともなう子どもを取り巻く環境の変化に対応

1947（昭和22）年、学校教育法と児童福祉法が制定され、幼稚園は学校として教育を担い、また保育所は福祉施設として保育を担う機関として70年もの間、それぞれが教育と保育を行ってきました。

戦後の復興に向けた教育・保育が始まり、時代の社会変化に応じて、幼稚園教育要領は20年ごとに改訂されてきました。その後、さらなる急速な変化に対応していくために、10年ごとの改訂となりました。

1994（平成6）年、日本は「子どもの権利条約」に批准し、ワークライフバランスと保育の質の在り方が大きな課題となりました。国は、この批准を受けてエンゼルプランを策定し、保育所の長時間保育がスタートしました。乳幼児に対する社会の理解が急速に高まり、1999（平成11）年には、新エンゼルプランが策定され、さらに加速化することとなりました。

そして2008（平成20）年には、「幼稚園教育要領」と「保育所保育指針」が同時に改訂され、「保育所保育指針」は、厚生労働大臣の告示となり法的な拘束力をもつようになりました。その後急速に少子化が進行し、子育ての孤立化や負担を感じる親達が増加するとともに、働く女性も急激に増加し、深刻な待機児童が問題視されてきました。また、小学校以降の児童の居場所が大きな問題となり、放課後の児童クラブの不足などが指摘されるようになりました。子ども達を取り巻く環境の変化により学校が抱える課題も複雑化し困難化する中で、今までのような学校の工夫だけにその実現を委ねることは困難となってきました。

新しい時代にふさわしい方策と課題

　こうした状況を踏まえ、2014（平成26）年11月に新しい時代にふさわしい学習指導要領等の在り方について、文部科学大臣から中央教育審議会に諮問が行われました。諮問を受け、2016（平成28）年12月「幼稚園、小学校、中学校、高等学校及び特別支援学校の学習指導要領等の改善及び必要な方策等について（答申）（中教審197号）」では、以下のように答申されています。

1. 「何ができるようになるか」（育成を目指す資質・能力）
2. 「何を学ぶか」（教科等を学ぶ意義と、教科等間・学校段階間のつながりを踏まえた教育課程の編成）
3. 「どのように学ぶか」（各教科等の指導計画の作成と実施、学習・指導の改善・充実）
4. 「子供一人一人の発達をどのように支援するか」（子供の発達を踏まえた指導）
5. 「何が身に付いたか」（学習評価の充実）
6. 「実施するために何が必要か」（学習指導要領等の理念を実現するために必要な方策）

　これらは、これから予測が困難な時代に向かって、子ども達が様々な変化に対応し、自己の目的を再構築することができる力を育成することが大切としています。中でも、他者と協働して課題を解決していくことや様々な情報を見極めて知識の概念的な理解を実現し、情報を再構成するなど、新たな価値につなげていくことや様々な状況変化の中で再構築することができるようにすることなどが課題とされています。

改訂の基本的な考え方と育みたい「資質・能力」

　上述の6点の答申を踏まえ、幼児期からの保育・教育について3法（学校教育法・児童福祉法・認定こども園法）が同時に改正され、2017（平成29）年3月学校教育法施行規則等を改正し、幼稚園教育要領、小学校

学習指導要領及び中学校学習指導要領が公示されました。

　そして、幼稚園教育要領・保育所保育指針・幼保連携型認定こども園教育・保育要領が、2018（平成 30）年 4 月 1 日から実施されることとなり、新しい時代に求められる「資質・能力」として、0 歳から 18 歳までの一貫した教育目標に向けた教育に取り組むこととなりました。

　そこで、文部科学省は、改訂の基本的な考え方として、次の 9 点の取り組みを示しています。

　1．資質・能力の確かな育成
　2．カリキュラム・マネジメントの推進
　3．社会に開かれた教育課程の実現
　4．アクティブ・ラーニングの実践
　5．言語能力の確かな育成　　6．健やかな心と体の育成
　7．道徳教育の充実　　8．インクルーシブ教育の実現
　9．保幼小連携など

　保育所の保育・教育において育みたい「資質・能力」として、1「知識及び技能の基礎」2「思考力、判断力、表現力等の基礎」3「学びに向かう力、人間性等」の 3 つの柱を示し、保育所保育指針の第 2 章に示すねらい及び内容に基づく活動全体によって育むことを法的に明確化し、幼児期の教育について、より具体的に方向性が示されました。

「幼児期の終わりまでに育ってほしい姿（10 の姿）」とは？

　保育所の保育・教育と小学校教育との円滑な接続に向けて、「幼児期の終わりまでに育ってほしい姿（10 の姿）」（1「健康な心と体」2「自立心」3「協同性」4「道徳性・規範意識の芽生え」5「社会生活との関わり」6「思考力の芽生え」7「自然との関わり・生命尊重」8「数量や図形、標識や文字などへの関心・感覚」9「言葉による伝え合い」10「豊かな感性と表現」）を明確にし、これを小学校の教師と共有するなど連携を図り、保育所の保育・教育と小学校教育との円滑な接続を図

ることとなりました。

では、「幼児期の終わりまでに育ってほしい姿（10の姿）」とは、実践保育の中で、どのように取り扱っていけばよいのでしょうか。まず、大切にすべきことは、指針に示す、ねらいと内容について、環境を通して、乳幼児の自発的主体をもとに、発達過程を踏まえ保育・教育を行っていくことです。その際、相互総合的に全体的な計画（指導計画）を作成し、幼児期にふさわしい教育を行っていくことは、今までと変わりありません。

今回の最も大きな特徴は、**教育が0歳から始まることを法的に示した点にあります**。「資質・能力」は、0歳から18歳までの課題とされており、その初段階に位置する幼児期の5歳児後半に顕著に捉えることのできる姿が「幼児期の終わりまでに育ってほしい姿（10の姿）」なのです。つまり、今までの保育指針・教育要領を実践の中でアクティブ・ラーニングとして取り組んでいくことで、この姿が"育ち"として見えてくるのです。

本書の用語例は、今までの要録の評価観点から新たに示されている10の姿を視野に置き、相互総合的に評価する書き方を紹介しています。

【5領域と「資質・能力」「10の姿」の関係】 ※幼稚園教育をモデルにしたもの

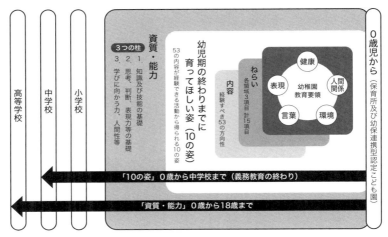

※「10の姿」は、0歳から15歳（義務教育終了）までに育ってほしい姿とされています
※3つの柱で示された育成すべき「資質・能力」は、18歳までの課題とされています

保育所保育における教育とは

元品川区立西五反田第二保育園園長　**松本紀子**

　平成29年3月に「保育所保育指針」が告示され、保育所は「幼児教育を行う施設」であり、保育所における環境を通して養護及び教育を一体的に行うことを明文化しています。また、保育所は子どもが生涯にわたる人間形成にとってとても大切な時期に、その生活時間の大半を過ごす場であり、保育所保育指針には、子どもが現在を最もよく生き、望ましい未来を作り出す力の基礎を培うといった重要な役割であることも明記されています。

　保育所では0歳児から就学前までの乳幼児が、長時間にわたり保育を受けています。では、私たちは今求められている幼児教育を、どのように捉えて日々の保育を実践し、子ども達の豊かな育ちへとつなげていけばよいのでしょうか。

幼児期の終わりまでに育ってほしい姿

　改訂された保育所保育指針の中に、「幼児期の終わりまでに育ってほしい姿」が提示されました。これは、幼稚園教育要領と幼保連携型認定こども園教育・保育要領のどちらにも同じ内容で記載されています。これによって、子どもはどの施設においても自然や社会事象、遊具や素材等の環境を通して教育・保育が受けられることになります。すなわち子ども自らが発達に必要な豊かな経験を得ていくための援助と環境構成を、入所してから就学まで一貫して行っていくことが必要であるということです。

　幼児期における教育は、小学校教育を先取りするものではありません。小学校教育では、教科書を中心とした言葉による指導から学んでいきますが、幼児にとっての学びは、生活や遊びを通して人や物に関わり、発

見したり工夫したりする感動や経験、喜びや葛藤等の様々な感情体験から得ていくものです。「幼児期の終わりまでに育ってほしい姿」は10項目の姿として挙げられていますが、そのいずれについても5歳児になったから…、まだ身に付いていないから…、指導しなくてはと考えるのは誤りです。入園してからの毎日の経験を通して、発達に必要な力を子ども自身が獲得していくものであり、そのために保育士は一人ひとりの育ちを丁寧に見とりながら環境構成と援助を考え、保育を行うことが求められているのです。

教育は子どもを理解することから

　0歳児の中でも月齢の低い子どもは、保育士が顔を近づけてあやすとその表情を見つめて声を聞き、手や足を動かしたり全身の力を込めながら声を出して応答したりします。子どもがじーっと見つめている様子を見とったら、モビール等目で追う玩具を用意しておき、機嫌のよい時にそれを見て目で追うことができるように設置します。また、空腹を感じて泣き声を上げると優しく抱っこしてもらい、安心しながらミルクをたっぷり飲んですやすやと眠ります。

　これらの事例は、保育士が子どもを見守り、子どもが何を求めてどのように関わってほしいのかを思いめぐらして援助を行っている様子を書いたものです。子どもは保育士にあやしてもらう経験から心地よさを感じ、自分が声を出すと応えてくれるという喜びを覚えていきます。機嫌よく起きている時何かが目の前で動いていると、その動きを目で追う面白さを感じます。不快さを感じた時に泣き声をあげると、保育士が抱っこしてくれたり空腹を満たしてくれたりすることを覚えていきます。このように毎日繰り返される経験から、自分が発信すると求めていることが実現するということを学ぶのです。以上のことから0歳児も経験から学び、その学びを成長とともに身に付けていくことがわかります。

　ここに挙げた保育場面は、領域に位置づけると、いずれも健康、人間

関係、言葉、環境、表現の内容に属しています。そしてその先の育ちでは、身近にある玩具や遊具を見つめ、自分から手を伸ばして触れようとし、何度も繰り返すうちに触れたものを握る姿となって表れてきます。握るようになると口にもっていったり、振ったり、両手に持って打ち合わせたりするようになります。子どものやっている様子を見守っている保育士は、その先の育ちを思い描き、振ると音がする玩具を用意して、子どもがその玩具を持って動かすと、優しく言葉をかけたり笑いかけたりするという援助を行います。月齢差や個人差の大きい0歳児クラスでは、一人ひとりの発達や興味を考えて用意した玩具や遊具を、子ども自らが選んで遊び、保育士に見守られながら、したいことがじっくりできることが大切です。

　子ども自らが発達に必要な経験を得ること、そのために必要な援助と環境構成を行うことが幼児教育であり、教育は0歳児から始まっているのです。

　子ども一人ひとりの姿を十分に見守りながら発達を捉え、その子の思いを汲み取るという子ども理解が保育を行う上で大切な基盤なのです。

生活と遊びをどう捉えるのか

　保育所では子どもが最長6年間を同一施設で過ごします。また、保護者の事情によって長時間保育所で過ごす子どもも少なくありません。「保育所の環境を通して、養護と教育を一体的に行う」（保育所保育指針）とは、保育時間のすべてがその対象となり得るということです。コアタイムと呼ばれる午前中の活動と、食事、着脱、排せつ、午睡といった基本的な生活習慣、おやつ後の遊びから降園までの生活を丁寧に見とり、援助を行うことが大切です。

　また、子どもは物事を概念として理解していないため、これは生活、これは遊びと区分けして行っているわけではありません。生活も遊びも子どもにとっては同じ経験であり、主体的に行っていくものです。保育

士は、子どもたちが十分に力を発揮しながら、成長とともに自信をもって過ごしていけるよう援助していくことが必要です。

　また、長時間保育所で過ごすことによって、自分の保育室以外の場所で過ごしたり、担任以外の保育士と関わったりすることも多くなってきます。そのため、一人ひとりの育ちを丁寧に見とり、子どもが一日を通して心地よく生活していけるように保育士間で情報を共有することが求められてきます。そして、その先の育ちにつなげていくために、保育の振り返りが必要となるのです。

　保育を振り返りながら省察を記録する際には、活動内容や実態だけでなく指導計画に書かれた援助や環境構成がわかるような記載が望ましいでしょう。特に生活習慣では、子どもができるようにするための指導になっていないか確認してみましょう。食事の好き、嫌いをなくしてあげたい、着替えはみんなできているのだから頑張ってほしい、という保育士の思いが強いと指導的になり、子どもの気持ちを丁寧に見とることも自分でやろうとする力を育むことも困難になってしまいます。記録から自分の保育を振り返り、次の保育に生かしていくようにしましょう。

長時間保育の工夫

　長時間集団の中で生活する子どもたちにとって、1日を安定して過ごすために環境のあり方も配慮する必要があります。同じ部屋、同じ玩具・教材・遊具の中で過ごし、一人でゆっくりしたい気持ちや甘えたい気持ちを受け止めてもらえなければ、夕方からは子どもにとってつらい時間になりかねません。コアタイムの環境とおやつ後の環境を変化させるだけで、子どもたちの生活は豊かになっていきます。子どもが集中して遊ぶための素材や教材、友達との関わり、クラス活動を通して味わう楽しさ等を経験するコアタイムから、おやつ後に自分のしたいことをゆったりと楽しむブロックやパズル、卓上型のゲーム、人形の家など、家庭にあるような玩具や遊具に環境を変えてみるのもよいでしょう。

また、カーペットを敷いたりクッションを置いたりするなどゆったりできる空間を作り、時に保育士が子どもの思いを汲み取って寄り添いながら過ごすひとときは、子どもたちにとってお迎えまでの幸せな時間となることでしょう。そのように過ごす時間における異年齢の関わりでは、クラスの中では見られない子どもの姿の新たな発見もあり、保育士の子どもを見る目の広がりと深まりにもつながっていきます。

　長時間のどこが教育でどこが保育かという区分けを、明確に線引きする必要はありません。どの時間帯でも子ども一人ひとりを見守り、環境を通して保育を行うことが大切なのです。

　生活から遊びが生まれ、遊びの中で工夫され発展し、保育士や友達との関わりを通してさらに創造性が育まれていきます。

　保育所における教育とは、保育を通して保育士や友達と安定した関係を築きながら主体的に環境に関わり、人間形成に必要な経験を自ら得ていく力を培うための援助を行うことといえるでしょう。

1

保育要録の性格と
取り扱い上の注意

1 保育要録の性格

2 保育要録の作成、送付、保存、原本と写し

3 保育要録の取り扱い上の注意

4 保育要録の記入の時期

5 保育要録の記入上の注意

1 保育要録の性格

　「保育所児童保育要録」（以下、保育要録と記述）は、平成29年3月31日に告示され、平成30年4月1日より施行された『保育所保育指針』の「第2章 保育の内容 4.保育の実施に関して留意すべき事項（2）小学校との連携 ウ」に「子どもに関する情報共有に関して、保育所に入所している子どもの就学に際し、市町村の支援の下に、子どもの育ちを支えるための資料が保育所から小学校へ送付されるようにすること」とある。

　また、『保育所保育指針解説書』（厚生労働省編）では、「第2章 保育の内容 4 保育の実施に関して留意すべき事項（2）小学校との連携」の項で、この資料を「保育所児童保育要録」とし、子どもの最善の利益を考慮し、保育所から小学校へ子どもの可能性を受け渡していくものと解説している。

　なお、保育要録の取り扱い等は、「保育所保育指針の適用に際しての留意事項について」（平成30年3月30日子保発0330第2号）に「様式の参考例」とともに示されている。

◆本書の記述は以下の規則による。
＊保育所保育指針 ➡ P.154
＊保育所保育指針の適用に際しての留意事項について ➡ P.198（通知）

2 保育要録の作成、送付、保存、原本と抄本・写し

（1）保育要録の作成

施設長の責任のもと、担当の保育士が記載する。➡ P.201（通知）

（2）保育要録の送付

児童の就学の際、保育要録の「抄本」または「写し」を就学先となる小学校の校長に送付する。➡ P.201（通知）

（3）保育要録の保存

作成した保育要録の保存期間は、**保育要録の「原本」を当該児童が小学校を卒業するまでの期間。**➡ P.201（通知）

（4）保育要録の原本と抄本・写し

〔原本〕…当該児童について、「様式の参考例」による保育要録＜入所に関する記録＞＜保育に関する記録＞を各1枚作成する。保存は、当該児童が小学校を卒業するまでの期間。

〔抄本〕…小学校へ就学する児童について作成し、就学先の小学校へ送付する。保存はその子どもが小学校を卒業するまでの期間。

〔写し〕…原本を複写したもので、児童の就学先となる小学校の校長に送付する。取り扱いについては、幼稚園から送付される幼稚園幼児指導要録の取り扱いに準じる。

➡学校教育法施行規則（抄）P.212

3 保育要録の取り扱い上の注意

就学の際の保育要録の扱い方 ➡学校教育法施行規則（抄）P.212

　小学校へ就学する際、保育要録の「原本」は保育所に保存し、施設長はその「抄本」または「写し」を作成し、就学先の校長へ送付する。

3　保育要録の取り扱い上の注意／4　保育要録の記入の時期

4　保育要録の記入の時期

時期	〈入所に関する記録〉	〈保育に関する記録〉
入所当初	• 児童氏名、生年月日、性別及び現住所 • 保護者氏名、現住所 • 入所（年月日） • 保育所名及び所在地	• 児童氏名、生年月日及び性別
最終年度の初め	• 施設長氏名 • 担当保育士氏名	• 最終年度の重点 • 最終年度に至るまでの育ちに関する事項
年度末	• 施設長及び担任保育士の押印	• 個人の重点 • 保育の展開と子どもの育ち • 特に配慮すべき事項
卒所時	• 卒所（年月日）　• 就学先	

※上記各項のうち、変更があった場合はその都度修正する。

5 保育要録の記入上の注意

　施設長の責任のもと、担当の保育士が記入し、当該児童の就学先である小学校の校長に送付する子どもの育ちを支えるための資料なので、実際の記入にあたっては一般の公文書と同様な注意を払う必要がある。

（1）仮名遣い
　現代仮名遣いに基づく。漢字は常用漢字を用い（氏名や地名などの固有名詞はこの限りではない）、楷書で書く。文中の数字や住所内の数字は、算用数字を使う。

（2）訂正、変更のしかた
　記入した事項に変更が生じた場合は、その都度修正をする。前に記入した事項も読み取れるように、2本線を引いて消し、訂正をする。誤記で修正する場合のみ、2本線で消した部分に訂正者の認印を押して責任を明らかにする。紙を貼ったり、インク消しや修正液等で訂正したりしてはならない。

現住所	~~東京都練馬区関町532番地~~ 東京都練馬区南町北5-19

（3）用具
　黒または青インクのペンやボールペン等を使用して記入する。保育所名・所在地・施設長名・担当保育士名などはゴム印でも差し支えない。ただし、スタンプインクは当該児童が就学先である小学校を卒業するまでの期間、保存が可能なものを用いる。

（4）パソコン等による記述

　『保育所保育指針の適用に際しての留意事項について』（平成30年3月30日子保発0330第2号）では、「ウ　取扱い上の注意（オ）保育士等の専門性の向上や負担感の軽減を図る観点から、情報の適切な管理を図りつつ、情報通信技術の活用により保育所児童保育要録に係る事務の改善を検討することも重要であること。なお、保育所児童保育要録について、情報通信技術を活用して書面の作成、送付及び保存を行うことは、現行の制度上も可能であること。」と記載されている。

　情報通信技術（パソコン等）を活用して保育所児童保育要録を作成等する場合もあると思うが、プライバシー保護・個人情報の漏えい等の観点から慎重な取り扱いが望まれる。なお、保育所児童保育要録の取り扱いは市町村等によって異なる場合が想定されるので教育委員会等に確認することが肝要である。➡ P.202（通知）、P.147（Q&A ⑰）

（5）「写し」の取り扱いについて

　「写し」を児童の就学先に送付する場合、「写し」の下欄に、原本と相違ないことを証明する旨、明記し、施設長名を直筆で署名・捺印する。

2

〈入所に関する記録〉の
記入のしかた

....

1 「児童」の欄

2 「保護者」の欄

3 「入所」の欄

4 「卒所」の欄

5 「就学先」の欄

6 「保育所名及び所在地」の欄

7 「施設長氏名」の欄

8 「担当保育士氏名」の欄

2〈入所に関する記録〉の記入のしかた

1 「児童」の欄

（1）児童氏名
●氏名は楷書で書き、ふりがなを氏名の上に書く（ゴム印でも可）。

（2）性別
●性別は「男」「女」のように書く。

（3）生年月日
●生年月日は算用数字で示す（固有名詞等を除き、原則としてすべて算用数字が望ましい）。

（4）現住所
●児童が現在、生活の本拠としている住所を記入する（アパート、マンション名等も省略せずに記入する）。

児童	ふりがな 氏　名	たか　はし　　か　お　る 高橋　かおる 2012 年　10 月　　9 日生	性　別	男
	現住所	東京都江戸川区江戸川南 3 － 8		

＜住所に変更があった場合＞

現住所	~~東京都江戸川区江戸川南 3-8~~ 東京都江戸川区江戸川南 2-1 アーバンハイツ 201

26

2 「保護者」の欄

（1）保護者氏名

● 児童の親権者（通常は両親のいずれか）を記入する。

● 両親のもとを離れて、祖父母等の家から通園している場合であっても、両親が健在であれば、親権者である両親が保護者となる。

● 親権者がいない時は、後見人が氏名を記入し、後見人であることを明記する。

（2）現住所

● 児童の現住所と同一の場合には、「児童の欄に同じ」と略記する（ゴム印でも可）。

● 児童の現住所と異なる場合には、欄の上部に都道府県名から記入する。

保護者	ふりがな 氏 名	たか はし　　まこと 高橋　誠
	現住所	東京都江戸川区江戸川南3－8

＜後見人の場合＞

保護者	ふりがな 氏 名	にし だ　　なお き 西田　直樹（後見人）
	現住所	神奈川県横浜市中央区緑町5-6-2

2 〈入所に関する記録〉の記入のしかた

③ 「入所」の欄

●児童が入所した年月日を記入する。
●入所年月日とは、市区町村が通知した入所年月日である。
　これは入所の期日のことで、必ずしも入園式の日と同じでなくてよい。

入　所	２０１４年　　４月　　１日

④ 「卒所」の欄

●児童が卒所した年月日を記入する。

卒　所	２０１９年　　３月　３１日

3 「入所」の欄／4 「卒所」の欄／5 「就学先」の欄

5 「就学先」の欄

●就学した小学校の名称を略さずに記入する。

公立の場合……○○市立○○小学校

私立の場合……私立○○小学校

就学先	江戸川区立上鎌田南小学校

29

2 〈入所に関する記録〉の記入のしかた

6 「保育所名及び所在地」の欄

●保育所名…公立では都道府県名から書き、私立も略さず正式な名称を書く。

公立の場合……○○県○○郡○○町立○○保育所

私立の場合……○○法人△△会 □□保育園

●所在地…都道府県の省略をせず、正確に記入する。 ➡ P.143(Q & A ⑨)
●あらかじめ印刷するか、ゴム印等を使用しても差し支えない。

➡ P.144(Q & A ⑩)

保育所名 及び所在地	社会福祉法人いずみの里保育園 東京都江戸川区下江戸川１－１

＜保育所名及び所在地変更の場合の訂正のしかた＞

●あらかじめ記入済みの保育所名及び所在地に変更が生じた場合、抹消は＝線による。この場合、前記の文字が判読できるように注意する。
●変更の場合に備えて、下部に余白を残して記入する。

保育所名 及び所在地	社会福祉法人 いずみの里保育園 <s>東京都江戸川区下江戸川１０１番地</s> 東京都江戸川区下江戸川１-１

◆この場合は誤記ではなく、変更による訂正なので認印を押す必要はない。

6 「保育所名及び所在地」の欄／
7 「施設長氏名」の欄／8 「担当保育士氏名」の欄

7 「施設長氏名」の欄

● 施設長の氏名を記入する。
● 同一年度内に、施設長が替わった場合には、保育要録を記入・送付する際の施設長の氏名を記入する。

施 設 長 氏 名	町田 浩 ㊞

8 「担当保育士氏名」の欄

● 施設長の決めた担当保育士の氏名を記入する。
● 同一年度内に、担当保育士が替わった場合には、保育要録を記入・送付する際の担当保育士の氏名を記入する。
● 担任及び副担任の2名で学級をもつ場合は、副担任者名を併記する。また、複数担任制の場合も、各保育士の氏名を記入する。
● 産休等で学年末に臨時職員が担任した場合、氏名を併記、押印する。

担当保育士 氏 名	川原 彩恵 ㊞

担当保育士 氏 名	川原 綾恵 ㊞ 田中 幸子

※「印」は、保育要録を記入・送付する際に、施設長の決めた担当保育士で、記入にあたった保育士が押印する。

31

3

〈保育に関する記録〉の
記入のしかたと記入内容

1 「氏名・生年月日・性別」の欄

2 「最終年度に至るまでの育ちに関する事項」の欄

3 「保育の過程と子どもの育ちに関する事項」の欄

（1）最終年度の重点

（2）個人の重点

（3）保育の展開と子どもの育ち

（4）特に配慮すべき事項

3 〈保育に関する記録〉の記入のしかたと記入内容

〈保育に関する記録〉の記入のしかた

　〈保育に関する記録〉は、保育所で作成した様々な記録の内容を踏まえて、最終年度（小学校就学の始期に達する直前の年度）の1年間における保育の過程と子どもの育ちを要約し、就学に際して保育所と小学校が子どもに関する情報を共有し、子どもの育ちを支えるための資料としての性格をもつものとすること。

　また、保育所における保育は、養護及び教育を一体的に行うことをその特性とするものであり、保育所保育指針第2章に示された養護に関するねらい及び内容を踏まえた保育が展開されることを念頭に置き、記載すること。

➡ P.204（通知）

1 「氏名・生年月日・性別」の欄

●**氏名**…楷書で書き、ふりがなを氏名の上に書く。
●**生年月日**…算用数字で示す。
●**性別**…「男」「女」のように書く。

ふりがな	たかはし　かおる		
氏名	高橋　かおる		
生年月日	2012年	10月	9日
性別	男		

1 「氏名・生年月日・性別」の欄／
2 「最終年度に至るまでの育ちに関する事項」の欄

2 「最終年度に至るまでの育ちに関する事項」の欄

●子どもの入所時から最終年度に至るまでの育ちに関して記入する。

最終年度に至るまでの育ちに関する事項

- 1歳5か月で入園。不安な気持ちが大きく、泣いて過ごすことが多かった。少し慣れてきても、休み明けなどは涙を流すことが半年程続いた。
- 2歳児の頃になっても園に慣れることができず、母親と離れる際泣いてしまうことがあったが、日中は安心して生活できるようになった。
- 何事においても一人でできるが心配性な面も見られ、行う前に確認したり慎重になったりする。安心してできるように丁寧な言葉かけに配慮した。
- 3歳児の頃までは人との関わりが苦手ということではないが、自ら友達を誘う姿はあまり見られず、保育士のそばにいることが多かった。

　　　　　　　　　：
　　　　　　　　　：

◆最終年度における保育の過程と子どもの育ちを理解する上で、特に重要と考えられることを記入する。

◆「○歳または、○歳△か月で入所（入園）」と明記し、保育所生活全体を通して育ってきた過程を記述するとよい。

【用語例について】 ➡ P.129 〜 130

本書では、各園から集めた実際の用語例を129ページに掲載した。個々の子どもの育ちに合わせ、入所から最終年度に至る育ちがわかるよう記述する際の参考にしてほしい。

35

3 「保育の過程と子どもの育ちに関する事項」の欄

（1）最終年度の重点

●年度当初に、全体的な計画に基づき長期の見通しとして設定したものを記入する。　　　　　　　　　　　　　　　　　　　➡ P.204（通知）

> （最終年度の重点）
> 　自分で考えたり、友達と協力したりして、
> 　意欲的に園生活を送る。

◆最終年度全員に共通するものであるから、記述にあたってはゴム印等を利用して作業の軽便化を図っても差し支えない。

【用語例について】➡ P.112 〜

本書では各園から集めた実際の用語例を 112 ページ以降に掲載した。自園の全体的な計画等を考慮しながら、重点を設定する際の参考にしてほしい。

3 「保育の過程と子どもの育ちに関する事項」の欄

（2）個人の重点

● 1年間を振り返って、子どもの指導について特に重視してきた点を記
　入する。　　　　　　　　　　　　　　　　➡ P.205（通知）

> （個人の重点）
> 　自信をもって、いろいろな活動に意欲的に
> 取り組む。

◆通知文では、『1年間を振り返って、……』と示されているので、こ
　の項目については最終年度の初めに記入する必要はないと考えられ
　る。実際に児童と接しながら保育している中では、当初予想していた
　重点と異なってくる場合もあり、その際は1年の過程を振り返って、
　特に重点を置いたものについて記入する。

　　「個人の重点」の項目は、一人ひとりの児童と接する過程で、必要に
　応じて保育記録等に記入しておき、年度末に1年間の指導を振り返り
　ながらまとめて記入する方が実際的である。

【用語例について】➡ P.113 〜
「学年の重点」の例と同様に、各園での記述例を集め、113 ページ以
降にまとめて掲載している。自園の全体的な計画等を考慮しながら、
当該児童の姿をよく把握して、記入の際の参考にしていただきたい。

37

3 〈保育に関する記録〉の記入のしかたと記入内容

（3）保育の展開と子どもの育ち

●最終年度の子どもの発達の姿について、保育所保育指針第2章「保育の内容」に示された各領域のねらいを視点として、当該園児の発達の実情から向上が著しいと思われるものを、保育所の生活を通して全体的、総合的に記述する。　　　　　　　　　　　➡ P.205（通知）

　　　　 ★①最終年度の初めの児童の姿→

　　　　　 ②1年間の児童の発達の姿→
　　　　　 ※最終年度の後半の姿は、「幼
　　　　　　 児期の終わりまでに育ってほ
　　　　　　 しい姿」を活用して記述する
　　　　　　（詳細はP.102〜 を参照）

（保育の展開と子どもの育ち）
・進級当初は一人遊びを好み、友達との関わりが少なかった。2学期に入り、虫探しをしている時、同じことに興味をもつ友達と意気投合して多様な遊びに興味を広げるようになった。また友達と一緒に虫の世話をする中で、思いやりの気持ちも育ってきた。★
・走ることが大好きで、毎日一人でも黙々と園庭のトラックを走り楽しんでいる姿があった。2学期の運動会のリレーではアンカーを務め、同じグループの友達から頼られることで、走ることだけではなく、生活にも自信がついてきた。
・2学期後半のお店屋さんごっこでは保護者会のバザーを体験したことにより、品物だけでなく、看板や値付け札、商品の説明文などアイデアをたくさん出しながら、描いたり作ったりを率先して行っていた。
・トラブルになると自分の思いが言えず黙ってしまうことがある。保育士は本児の気持ちを相手に代弁しながら、自分の考えを伝えてよいことを話していったことで、2学期後半から自分の考えを伝えられるようになった。

①最終年度の初めの児童の姿

　冒頭には、最終年度の初めの姿を書くとよい。1年間の児童の成長変化の過程を捉えていく上で大切な部分となる。年度の初めに、保育記録等に必ず記録を取っておく配慮が必要である。

┌─【用語例について】➡ P.114〜 ─────────────
│ 用語例は、年度の初めに見られた児童の姿の一部を簡単に表した。
│ 個人差が大きいのが幼児期の特性であるので、その児童の発達の姿
│ にかなった記述を選択していく必要がある。
└──────────────────────────────

38

3 「保育の過程と子どもの育ちに関する事項」の欄

②１年間の児童の発達の姿

「１年間の児童の発達の姿」は、年間を通して、一人ひとりの児童の保育所における生活や遊びの姿を記録する部分であり、保育記録等を参照し、年度末に記入する。

また、最終年度の後半の姿は、「幼児期の終わりまでに育ってほしい姿」を活用して子どもに育まれている資質・能力を捉え、指導の過程と育ちつつある姿を記述する（詳細は P.102 を参照）。

【用語例について】➡ P.114 ～

「保育の展開と子どもの育ち」の用語例は、保育所保育指針の「ねらい（発達を捉える視点）」(P.41 参照)のひとつの項目を視点として、"当該児童の発達の実情から向上が著しい" という意味を取り上げたものである。また、最終年度の後半の姿の用語例は、「幼児期の終わりまでに育ってほしい姿」の 10 の姿のうち、どの姿にあたるかを下線と番号で示した。

「こんな変化・変容があった子どもだから……」というように、「ねらい」と用語例を相互に対比させた見方をしてほしい。なお、ひとつの事例からいくつかのねらいへの到達の可能性も考えられるため、ここでの分類はあくまでも参考事例としてお読みいただきたい。

また、入所当初の子どもの姿を書かないと、著しい発達の具体的なところがつかめないため、「最終年度の初めの児童の姿」の内容も含め、長文の表記となっていることをあらかじめ了解していただきたい。

＜具体的な興味や関心＞＜遊びの傾向＞用語例

P.125 からの用語例紹介では、「ねらい」15 項目別の用語例を紹介した後に、児童の発達の姿を示す事例を、＜具体的な興味や関心＞＜遊びの傾向＞という項目で分類して掲載している。

39

> 児童の発達の姿を的確に捉えていこうとするには、その児童がどのような事柄に具体的な興味や関心をもっているのか、遊びにはどのような傾向が見られるのかなどに視点を当てることが必要である。できるだけ客観的に記入し、子どもの姿が具体的にイメージできる表現を用い、児童理解のための適切な記述であることが望ましい。

（4）特に配慮すべき事項

●子どもの健康の状況等、就学後の指導における配慮が必要なこととして、特記すべき事項がある場合に記入する。

> （特に配慮すべき事項）
>
> 気管支ぜん息（3歳5か月）

※病名を特記する場合には、保護者の同意を得ること。

ねらい（発達を捉える視点）※ア～オは116ページからの分類に対応

ア　健康
①明るく伸び伸びと行動し、充実感を味わう。

②自分の体を十分に動かし、進んで運動しようとする。

③健康、安全な生活に必要な習慣や態度を身に付け、見通しをもって行動する。

イ　人間関係
①保育所の生活を楽しみ、自分の力で行動することの充実感を味わう。

②身近な人と親しみ、関わりを深め、工夫したり、協力したりして一緒に活動する楽しさを味わい、愛情や信頼感をもつ。

③社会生活における望ましい習慣や態度を身に付ける。

ウ　環境
①身近な環境に親しみ、自然と触れ合う中で様々な事象に興味や関心をもつ。

②身近な環境に自分から関わり、発見を楽しんだり、考えたりし、それを生活に取り入れようとする。

③身近な事象を見たり、考えたり、扱ったりする中で、物の性質や数量、文字などに対する感覚を豊かにする。

エ　言葉
①自分の気持ちを言葉で表現する楽しさを味わう。

②人の言葉や話などをよく聞き、自分の経験したことや考えたことを話し、伝え合う喜びを味わう。

③日常生活に必要な言葉が分かるようになるとともに、絵本や物語などに親しみ、言葉に対する感覚を豊かにし、保育士等や友達と心を通わせる。

オ　表現
①いろいろなものの美しさなどに対する豊かな感性をもつ。

②感じたことや考えたことを自分なりに表現して楽しむ。

③生活の中でイメージを豊かにし、様々な表現を楽しむ。

4

『発達経過記録』から保育要録へ

1　保育記録の意義

2　『発達経過記録』フォーマットの使い方

◆0歳児（57日～1歳5期）発達経過記録フォーマット

【0歳児（57日～1歳5期）用語例】

◆1歳児・2歳児（共通）発達経過記録フォーマット

【1歳児 用語例】

【2歳児 用語例】

◆3歳児・4歳児・5歳児（共通）発達経過記録フォーマット

【3歳児 用語例】

【4歳児 用語例】

【5歳児 用語例】

1 保育記録の意義

　保育所の保育に関する「記録」は、保育を適切に展開していくために保育士の自己評価と改善の根拠となるものと位置づけられる。子ども一人ひとりの発達過程と育ちの連続性を捉え、保育士間で共通に理解しながら援助を行うために必要なものである。

　保育記録の種類・様式は各施設で異なるが、児童票及び発達経過記録、月案・週案・日案等指導計画の反省と評価、保育日誌、個人日誌等は、どの園でも作成していると考えられる。

◆保育所児童保育要録の特徴

　平成30年に施行された「保育所児童保育要録」の〈保育に関する記録〉には、入園から最終年度に至るまでの育ちを記入する欄が設けられ、入園時期によっては入所から5年分の情報を、最終年度の育ちにつながる重要な内容に特化して記載することになる。したがって、4歳児までの保育の過程と子どもの育ちの姿について、記録の確実さが求められてくる。

　また、小学校に送付する保育要録は、最終年度の子どもの育ちを記入することになっている。これは、幼稚園や幼保連携型認定こども園においても同様で行われる。

　ここでは、4歳児までの子ども一人ひとりの育ちを、0歳児からどのように見とり、どのように記入すればよいのかを考えていきたい。

◆子どもの育ちがわかる記録とは

　保育の過程と子どもの育ちの連続性が読み取れる記録にするためには、発達の姿と大切にしたい育ちについて、保育士間の共通理解が必要となる。複数担任の場合、保育士によって視点が異なっていたのでは、

保育にも記録にも連続性が表れてこない。また、担任が変わる度に記載される内容が変化したのでは、記録からその子の育ちを読み取ることが難しくなる。そのため、保育所の生活を通した子どもの育ちの過程を捉え、最終的に保育要録に記入するには、0歳児から記録の取り方を考えることが重要となってくる。以下、乳児の個別の記録について考えてみたい。

＜Aちゃんが小麦粉粘土で遊んでいる記録の事例＞

①初めて小麦粉粘土を出したので、触った時は手を引っ込めた。そのうち自分でつかむと両手でこねはじめた。保育士がダンゴに丸めていると「ん、ん」と手を出してきたので、手のひらに渡すと嬉しそうに笑った。10分くらいこねたり伸ばしたりして楽しんでいたので、引き続き行っていきたい。

②小麦粉粘土は初めてだったので、テーブルに置いて見守っていると興味を持った様子で近づいて来て見ている。保育士がこねながら「やってみる？」と誘う。と自分から触れてきた。「こねこね」「ぺたぺた」と言うとまねして声に出しながら両手でこねるようになった。丸めているとほしがったので、「お団子むしゃむしゃ」と言うと食べるまねをしていた。10分ほど遊ぶと満足したらしく自分から離れてプレート落としを始めた。明日また遊べるように用意しておきたい

①と②は、子どもが初めて小麦粉粘土に触れた時の様子を記録したものだが、①と②を比べて何が違うのか。①は子どもの姿を記録しただけなのに対し、②は環境構成と援助、子どもの心情の変化が短い文章の中に記載されている。

記録の中に「楽しんでいた」「○○が好きなので」という言葉で子どもの姿を表現していることがある。「園庭で遊ぶことが好き」という表現では子どもが何を経験しているのか読み取ることはできない。園庭の

何に興味を示し、どんな行動で関わり、やってみた結果どのように感情が動いたのか、言葉や仕草でどんな表現をしたのか、保育士はどのように援助したのか、保育士の援助によって子どもにどんな変化が現れたのか、その援助や環境構成は適切であったのか、といった内容で記録されていると、その後の子どもの育ちを思い描きながら経験する内容や援助・環境構成を考えることができる。

◆連続性がみえる記録とは

　子どもは、年齢に達したからできるようになるわけではない。その年齢に必要な経験が得られていなければ、発達に必要な力を身に付けることはできない。０歳児なら、発達に応じた環境の構成と、玩具や素材が豊かに用意されていることが年齢にふさわしい経験を得ていくために必要である。また、発達や興味関心に個人差があることを考慮し、一人ひとりの個性を受け止めて、保育の内容を考えていくことも求められる。

　０歳児の育ちが１歳児へとつながり、１歳児の経験から得た力が２歳児の育ちへとつながっていく。子どもの育ちには連続性があり、保育所の生活を通して発達に必要な力を身に付けていくためには、連続性のある保育を行うことが重要になってくる。そのため、記録は連続性が見えてくるものが望ましい。

　子どもが主体的にものに関わって遊びが楽しくなるような援助をしたい、子どもが遊びに満足してまたやりたいと思ってほしい…など、指導計画や週案等のねらいの中には、保育士の願いが込められているはずである。前述の通り、子どもの姿だけでなく環境構成や援助がみえる記録は、保育士間で共通理解しながらその後の保育に生かしていくことができる。０歳からの子どもの育ちに連続性をもたせるためには、記録の取り方がとても重要なポイントとなる。そこで、記録の様式や記入する内容について見直し、園全体で考えていく必要がある。

◆保育要録の記入を確かなものにするために

　平成29年3月に告示された「保育所保育指針」では新たに、「幼児期の終わりまでに育ってほしい姿」が明示され、小学校における子どもの指導に生かされるように、「幼児期の終わりまでに育ってほしい姿」を活用して、子どもに育まれている資質・能力を捉え、指導の過程と育ちつつある姿をわかりやすく記入することになっている。なお、「保育所保育指針の適用に際しての留意事項について」（子保発0330第2号）の別添1「保育所児童保育要録に記載する事項」で、この10の姿は到達すべき目標でもなく、項目別に子どもの姿を記入するものでもないと明記され、保育所の生活を通して、全体的、総合的に捉えた子どもの発達の姿を記入するとしている。

　「幼児期の終わりまでに育ってほしい姿」が、最終年度5歳児の1年を通して指導計画や週案に盛り込まれているか、子どもの実態の中に見とることができるかを考え振り返ることが大切である。

　子どもは生活や遊びを通して総合的に発達していく。就学までに育ってほしい姿は、0歳児からの育ちの連続性の中で育まれていくものである。5歳児になったから主体性や協同性、数量や図形への関心が現れるわけではなく、年齢にふさわしい豊かな経験の積み重ねが5歳児の育ちへとつながっていく。

　子ども一人ひとりの発達の記録は、0歳児の時から指導の過程や育ちの姿をしっかり捉えて書くことが大切であると考える。その子を担当する保育士が同じ視点で記入し、5歳児の担任になった際は保育要録の記載を確実なものとして小学校へと送りたい。

（松本紀子）

2 『発達経過記録』フォーマットの使い方

　保育記録の意義については前ページまでに述べてきた通りである。そこで本書では、保育所児童保育要録への記入に至るまでの指導の内容と、一人ひとりの育ちの連続性が見えるような記録用フォーマット（幼少年教育研究所保育所児童保育要録研究委員会 作成）を『発達経過記録』として掲載した。０歳児から５歳児までを、保育士が同じ視点で記入できるように、それぞれの項目のポイントと使い方を含め、以下を参照していただきたい。

【フォーマットの内容について】

　保育所保育指針をもとに、０歳児では保育指針が示した養護の理念と、当委員会が作成した保育の内容（ねらい・内容）を掲載し、１歳児以降は保育指針が示しているねらいを掲載している。

◎保育の展開と子どもの育ちを記入する際に、子どもの発達の捉えが適切だったのか見直す。

◎担当する保育士によって違う視点で記述することがないよう、該当時期に何をねらいとして保育をしてきたのか確認する。

【記録の記入欄ついて】

　指導の経過と子どもの育ちの連続性が読み取れるように、「個人のねらい」、「保育の展開と子どもの育ち」、「特記すべき事項」について、０歳児から最終年度に至るまで横並びに記入欄を設けている。

◎「個人のねらい」の記入欄は月毎、あるいは期毎に設けている。今回の改訂により、保育所児童保育要録に「個人の重点」を記入することになった。それを受け、３歳未満児のみならず就学まで一人ひ

とりの育ちを丁寧に見とるために、その期における育ちの重点を「ねらい」として考え、記入欄を設けた。

◎子どもの発達している姿を記述する欄については**「保育の展開と子どもの育ち」**として設けた。旧保育所児童保育要録では「教育（発達援助）に関わる事項」だったものが、「保育の展開と子どもの育ち」と変更されている。保育記録では、子どもの姿とともに環境の構成や保育士の援助等、保育の過程がわかる記述が重要なポイントとなる。子どもができるようになったこと、できないことなど、成果や結果を書くのではない。ここでは、ねらいに沿った保育が子どもの育ちにどのようにつながったのか、生活する姿から見とって記述することが重要である。

◎**「特記すべき事項」**では、発達していく過程で重要なことと捉えた内容について記録する。主な項目として、子どもの健康状態、保護者や家庭環境の変化等が考えられる。

０歳児

　０歳児は心身の発達が著しく、日一日とその様子が変化していく。そのため、月齢や一人ひとりの発達を丁寧に見とって援助と環境の構成を考える必要がある。子どもの育ちの連続性を捉えて記入するために、満１歳までは月齢ごとに書いていくことが望ましい。また、満１歳を過ぎてからは期毎（４〜５月、６〜８月、９〜10月、11〜12月、１〜３月）の記入とする。

１歳児・２歳児　※フォーマットは共通

　４期毎（４〜５月、６〜８月、９〜12月、１〜３月）の記入とする。３歳未満児は、月毎に個人の指導計画が作成されているため、ねらいとの妥当性が認められるかどうか確認することが大切である。子どもの育ちに関する毎月の記録をもとに、期という長期的に捉えた発達の過程を

記入する。満3歳に達して以降は個人の指導計画を作成しなくなる場合もあるが、育ちを丁寧に見とるために3歳児クラスへの進級までは作成することが望ましいと考える。

3歳児・4歳児・5歳児　※フォーマットは共通

4期毎（4〜5月、6〜8月、9〜12月、1〜3月）の記入とする。3歳児クラス以上になると、個人の指導計画はほとんどの保育所において作成しなくなる。よって、期案、月案からねらいとの妥当性を確認し、遊びや生活を通して捉えた発達の姿から個人のねらいを設定して記入する。年齢が高くなるにつれ、子ども同士の関わりやグループで取り組む遊びが多くなるため、その子の育ちがわかる記述を心がける。

※5歳児の4期は保育所児童保育要録に記入するため、発達経過記録と重複しないために記載はないという一文をフォーマットに書き入れておくとよい。

P.52〜掲載するフォーマットはひとつの例であり、各保育所においてさらに記録が確かなものになるように記載項目や書き方を工夫して、保育士間の共通理解が深められるような発達経過記録にすることを願っている。

また、年齢ごとに『発達経過記録』の用語例（0歳〜4歳児）を掲載した。記入の際の参考にしていただきたい。

（松本紀子）

2 『発達経過記録』フォーマットの使い方

➡次ページから『発達経過記録』のフォーマットと用語例を紹介。

★『発達経過記録』フォーマットは各ページを 141％に拡大コピーする
　と A4 サイズで使用できる。

0歳児 (57日～3か月未満) 発達経過記録

養護の理念

　保育における養護とは、子どもの生命の保持及び情緒の安定を図るために保育士等が行う援助や関わりであり、保育所における保育は、養護及び教育を一体的に行うことをその特性とするものである。保育所における保育全体を通じて、養護に関するねらい及び内容を踏まえた保育が展開されなければならない。

保育の内容【57日～3か月未満】

ねらい	・安定した生活リズムで過ごす心地よさを感じる。 ・頭や手足を動かそうとする。 ・保育者に欲求を受け止めてもらい、安心して過ごす。
内容	・保育者に抱っこされて目を合わせながら授乳してもらう。 ・保育者におむつを一人ひとりの生活リズムで交換してもらう。 ・静かで衛生的な環境のもとで安心して眠る。 ・手足を動かしたり、音や声のするほうへ顔を向けたりする。 ・優しく抱っこされたり、語りかけられたりして安心感をもつ。 ・保育者の顔をじっと見つめたり、語りかけに応えるように声を発したりする。 ・身近にある物を目で追ったり、手に触れた物を握ったりしようとする。 ・保育者の歌や手遊びを見たり聞いたりする。

	記入内容	57日～2か月未満	2か月～3か月未満
個人の ねらい	その時期に大切にしたい姿を記入する		
保育の 展開と 子ども の育ち	保育を進める中で、子どもの育ちにつながる保育者の援助と環境構成の工夫がわかるように記入する		
特記 すべき 事項	家庭環境、保護者の状況等の変化、健康状態で特記の必要がある場合に記入する		

【０歳児（57日目～３か月未満）】用語例

※０歳児の用語例（P.53 ～ 63）については、架空の子どもＡ児の成
　長経過を追った記述となっている。

個人のねらい

• 哺乳瓶で満足するまでミルクを飲む。
• 安心して十分眠る。
• 保育者にあやされたり、抱っこされたりしながら安心して過ごす。
• 機嫌がよい時に声を出そうとする。

特記すべき事項

• 入園までは母乳のため、母親は哺乳瓶で飲めるかどうか不安をもって
　いた。
• 肌が乾燥しやすく、特に頬がかさついて赤くなることが多い。
• 自宅で昼寝をしている時、ちょっとした音でも目覚めるとのことだっ
　た。
• 母親が時短勤務で復帰したため、１年間は基本保育時間の受託となる。

保育の展開と子どもの育ち

• 入園後１週間ほどで哺乳瓶に慣れ、満足して自分から口を放すまで飲
　むようになった。
• 睡眠中、他の子どもの声や泣き声で目覚めることがあるため、入眠し
　たら静かな場所に移動するとゆっくり眠っている。
• モビールの動きや保育者が語りかける表情をじっと見るようになった。
• 保育者が歌を歌っていると、腕を振ったり足を曲げ伸ばししたりして
　喜ぶような動きをしている。
• 手のひらに小さな玩具が触れると握ろうとしている。

０歳児 （3か月～6か月未満） 発達経過記録

養護の理念
保育における養護とは、子どもの生命の保持及び情緒の安定を図るために保育士等が行う援助や関わりであり、保育所における保育は、養護及び教育を一体的に行うことをその特性とするものである。保育所における保育全体を通じて、養護に関するねらい及び内容を踏まえた保育が展開されなければならない。

	保育の内容【3か月～6か月未満】
ねらい	・授乳、睡眠、遊び等、生活リズムの感覚が芽生える。 ・手足を動かし、寝返りや腹ばいなどの動きをしようとする。 ・保育者に欲求を受け止めてもらい、安心と親しみを感じる。 ・保育者の語りかけに、声や体の動きで応答する喜びを感じる。
内容	・安定した関係のもとでゆったりと授乳してもらい、空腹が満たされる感覚をもつ。 ・保育者に優しい言葉をかけられながらおむつを交換し、心地よさを感じる。 ・安全で落ち着いた環境のもとで、安心して十分に眠る。 ・機嫌良く手足を動かし、体を横に向けたりうつ伏せたりしようとする。 ・優しく抱っこされたり語りかけられたりしながら、安心感をもって過ごす。 ・保育者の語りかけに応えるように笑ったり声を発したりする。 ・身近にあるものを見て、手を伸ばして握ったり、つかんで振ったりする。 ・保育者の歌や手遊びを見たり聞いたりしながら、手足を動かしたりする。

	3か月～4か月未満	4か月～5か月未満	5か月～6か月未満
個人の ねらい			
保育の 展開と 子ども の育ち			
特記 すべき 事項			

0歳児　用語例

【0歳児（3か月〜6か月未満）】用語例

個人のねらい

- 授乳と睡眠のリズムの感覚が身に付いてくる。
- 手足を動かす楽しさを感じる。
- 保育者に欲求を受け止めてもらい、親しみを感じながら安心して過ごす。
- 保育者に語りかけられ、声や表情で喜びを表す。

特記すべき事項

- 突発性発疹で1週間休み、その間母乳で過ごしていたが登園3日目に哺乳瓶から飲めるようになった。
- 授乳と睡眠のリズムが整い、ぐっすり眠るようになった。
- 下痢が続きおむつかぶれが悪化して、医師から排便後に軟こうを塗布するよう指示があり、園でも塗ってほしいとの要望があったため薬を預かっている。
- 母親の3日間に渡る研修中は、父親の送迎となるため保育時間が長くなり、17時以降はなるべく抱っこしたりそばについたりしながら機嫌よく過ごせるようにした。

保育の展開と子どもの育ち

- スプーンに戸惑いがあったが、保育者が優しく「あーん」と言いながら口元に近づけると口を開けて食べるようになった。
- おむつ交換の時おむつを外されると、勢いよく手足を動かしては声を立てて喜んだり寝返ったりしようとしている。
- 腹ばいの姿勢になると手足を伸ばしてお腹で体を支えたり、近くの子どもや玩具に手を伸ばして触ろうとしたりしている。
- 空腹や眠気等の生理的欲求以外に、愛着をもつ保育者に泣いたり、声を発したりして欲求を表すようになった。
- 「ぞうきん」等のふれあい遊びや「いないいないばあ」を喜び、声を立てて笑うことがある。

55

０歳児（6か月〜9か月未満）発達経過記録

養護の理念
保育における養護とは、子どもの生命の保持及び情緒の安定を図るために保育士等が行う援助や関わりであり、保育所における保育は、養護及び教育を一体的に行うことをその特性とするものである。保育所における保育全体を通じて、養護に関するねらい及び内容を踏まえた保育が展開されなければならない。

保育の内容【6か月〜9か月未満】

ねらい	・自分で寝返りや座るなどしながら、体を動かす楽しさを感じる。 ・保育者に語りかけられて、声や動きで喜びを表す。 ・身近な人や物に興味をもち、自分から触れようとする。
内容	・腹ばいで前後に動いたり、左右に体を回したりする。 ・スプーンの感触や離乳食の味と舌触りに慣れる。 ・安心できる環境のもとで一定時間眠る。 ・おむつを交換してもらったり、食事後に手や顔を拭いてもらったりして清潔になる心地よさを感じる。 ・身の回りにある玩具に興味を示し、握って振ったりなめたりする。 ・保育者の語りかけに声を出して応答する。 ・音の出る玩具を鳴らして遊ぶ。 ・保育者の手遊びや歌を見たり聞いたりしながら、体を揺らしたりする。

	6か月〜7か月未満	7か月〜8か月未満	8か月〜9か月未満
個人のねらい			
保育の展開と子どもの育ち			
特記すべき事項			

0歳児　用語例

【0歳児（6か月〜9か月未満）】用語例

個人のねらい

- 寝返りや腹ばい、はいはい等で体を動かすことを喜ぶ。
- 離乳食の味や形状に慣れる。
- 保育者に語りかけられて、声や表情で喜びを表す。
- 身近にある玩具を握ったり振ったりしながら遊ぶ楽しさを感じる。

特記すべき事項

- 母親がインフルエンザに感染したため、1週間祖母宅で過ごした。安心して園生活に戻れるよう、戸惑いを受け止めながら関わっている。
- つかまり立ちをしてバランスを崩すことが多いため、周囲の安全に十分留意しながら見守っていく。
- 父親が2週間の長期出張のため、母親に不安な様子が見受けられたので、送迎時に声をかけたり励ましたりするなどのサポートをした。
- 午前寝をしない日は早めに眠くなるため、昼食の提供時間を考慮していく。

保育の展開と子どもの育ち

- 食事では保育者がスプーンを差し出すと、自分から口を開けて食べている。
- さかんに喃語を話すようになり、保育者が受け止めて語りかけると嬉しそうに全身を揺らしている。
- 保育者やほしい玩具のところに、ずりばいで近づき、触れたりつかんだりするようになった。
- 『手をたたきましょう』『ちょちちょちあわわ』等、保育者がしている手遊びを見ながら、手足をばたつかせたり声を出したりしている。
- 泣いている子どもの顔や床に映った木漏れ日の影に気づき、じーっと見つめたり手で触れたりしようとしている。

57

0歳児 （9か月〜12か月未満） 発達経過記録

養護の理念
保育における養護とは、子どもの生命の保持及び情緒の安定を図るために保育士等が行う援助や関わりであり、保育所における保育は、養護及び教育を一体的に行うことをその特性とするものである。保育所における保育全体を通じて、養護に関するねらい及び内容を踏まえた保育が展開されなければならない。

保育の内容【9か月〜12か月未満】	
ね ら い	・身近なものや場所に興味をもち、動き回ったり触れたりする。 ・保育者に声や表情、喃語などで欲求を受け止めてもらい、安心して過ごす。 ・身の回りの物をつまんだり、たたいたり、引っ張ったりしながら遊ぶ面白さを感じる。
内 容	・自分の行きたいところへ、四つんばいや伝い歩きなどで行こうとする。 ・食べることを喜び、自分から口を開けたり手でつかんで口に入れたりしようとする。 ・食事前後の手や顔拭きがわかり、自分からやってもらおうとする。 ・容器に物を入れたり引き出したり、ボールを転がしたりして遊ぶ。 ・身近にいる子どもの動きをじっと見つめたり、顔に触ったりする。 ・親しみをもつ保育者に関わってもらうことを喜び、笑顔や声で応答する。 ・名前を呼ばれると振り向いたり、呼んだ相手のほうを見たりして応える。 ・手遊びや歌を喜び、保育者をまねて体を動かそうとする。

	9か月〜10か月未満	10か月〜11か月未満	11か月〜12か月未満
個人の ねらい			
保育の 展開と 子ども の育ち			
特記 すべき 事項			

【0歳児（9か月〜12か月未満）】用語例

個人のねらい

- 食事に期待をもって自分から食べようとする。
- ずりばいやはいはいで自由に動き、興味をもったものに触れて楽しむ。
- 保育者の手遊びや歌を聞き、手足を動かして楽しむ。
- 身近な子どもがしていることや持っている玩具に興味をもつ。

特記すべき事項

- 風邪から気管支炎になり、1週間病児保育室を利用していた。
- 「家で食事を終了させると怒って泣くため、つい与えてしまう」と相談があり、園の食事量を伝えたり対応のしかたを話し合ったりしている。
- 手に持ったものを口に入れたりなめたりするため、清潔に心がける。
- なじみのない大人が入室すると激しく泣くため、抱っこや言葉かけで安心感を与えるようにしている。

保育の展開と子どもの育ち

- 食事の準備に気づくと声を出して喜ぶ。よく食べるので、ゆっくり少量ずつ口に入れるようにすると満足して食事を終えるようになった。
- 部屋のあちこちにある玩具棚やソフト巧技台・斜面等に興味を示し、「はいはい」で移動して好きな玩具で遊んだり上り下りを楽しんだりしている。
- 着替えの時、頭や手足を出すタイミングで保育者が「ばあ」と言うことを期待し、声を立てて笑い、遊びでも頭にかけた布を「ば」と外している。
- 「とんとんとんとん〜」や「おいでおいで〜」と保育者が歌い始めるとそばに来て座り、手を動かしたり体を揺らしたりしている。
- 近くで遊ぶ子どもの動きや玩具に興味をもった時は、保育者が声をかけたり好きな玩具で遊びに誘ったりすると、相手を押し倒すことなく遊び出している。

０歳児 （12か月～１歳２期） 発達経過記録

内容【12か月～１歳２期（6～8月）】
ねらい　ア　健やかに伸び伸びと育つ 　　　　　　健康な心と体を育て、自ら健康で安全な生活をつくり出す力の基盤を培う。
内容 ・四つんばいをしたり立ち上がったり、伝い歩きをするなど全身を使って遊ぶ。 ・スプーンを持って食べてみたり、コップを両手で持って飲もうとしてみたりする。 ・戸外で遊んだ後や食事前に、保育者と一緒に手洗いをする。 ・保育者に見守られながら、安心して十分に午睡をする。 ・保育者に着替えを手伝ってもらい、脱ごうとしたり手や足を出そうとしたりする。
ねらい　イ　身近な人と気持ちが通じ合う 　　　　　　受容的・応答的な関わりの下で、何かを伝えようとする意欲や身近な大人との信頼関係を育て、 　　　　　　人と関わる力の基盤を培う。
内容 ・保育者に気持ちを受け止めてもらい、欲求が満たされ安定して過ごす。 ・保育者の使う言葉やしぐさをまねて、遊びの中で同じことを言ったりやってみたりする。 ・知っている物を指さししたり、指さしや仕草で欲求を伝えようとする。 ・保育者に絵本や紙芝居を読んでもらう。 ・保育者と一緒に触れ合い遊びをしたり、歌を歌ったりする。
ねらい　ウ　身近な物と関わり感性が育つ 　　　　　　身近な環境に興味や好奇心をもって関わり、感じたことや考えたことを表現する力の基盤を培う。
内容 ・身の回りの様々なものに触れ、興味をもった物で遊ぼうとする。 ・遊びたい物を自分で出して遊び、保育者と一緒にもとに戻したりする。 ・草花を見たり、葉や花を拾い集めて遊んだりする。 ・アリやダンゴ虫等に興味をもち、見つめたり触れてみたりしようとする。 ・いろいろな種類の紙、布などの素材の感触を楽しみながら遊ぶ。

	12か月～13か月未満	１歳１期（4～5月）	１歳２期（6～8月）
個人の ねらい			
保育の 展開と 子ども の育ち			
特記 すべき 事項			

0歳児　用語例

【0歳児（12か月～1歳2期）】用語例

個人のねらい

- スプーンやコップを自分で持って飲もうとする。
- はいはいや伝い歩き等、体を動かす遊びを十分楽しむ。
- 知っている物や繰り返しのある絵本を見ることを喜ぶ。
- 園庭等戸外で、草花や虫を見つけながら探索する楽しさを感じる。

特記すべき事項

- 家庭で卵を食べさせたところ口の周りに発疹が出たため受診。検査結果が出るまで卵を控えるよう診断が出ている。
- 何回か母親にかみついたとのことで、園でも様子を見守っている。
- バランスを崩して転び床に後頭部をぶつけたため、つかまり立ちする時は保育者が後ろにつく等配慮している。
- 気管支拡張用のテープを貼っていることがあるので、家庭と連絡を密にしていくよう保護者と確認した。

保育の展開と子どもの育ち

- 両手でコップを持って飲む時さり気なくコップの下から支えると、こぼさずに飲み切り満足そうに笑っている。
- つかまり立ちから近くにいる保育者をめがけて2～3歩歩き、抱きとめてもらうと声を立てて嬉しそうに笑っている。
- 缶の中の布を引っ張り出す玩具を何回も楽しんだり、プラスチックケースの蓋の穴にプレートを入れようとしたり、手や指先を使って遊んでいる。
- リズミカルな繰り返しのある絵本をよく聞いていて、保育者の声に合わせて一緒に語尾を言おうとしている。
- 園庭では花壇につかまり立ちをして花を見つけ、おーおーと声を上げている。アリやダンゴムシにも興味をもつが、近づいてくると怖がり保育者に抱きつく。

61

０歳児 （1歳3期～1歳5期） 発達経過記録

内容【1歳3期（9～10月）～5期（1～3月）】

ねらい　ア　健やかに伸び伸びと育つ 　　　　　　　健康な心と体を育て、自ら健康で安全な生活をつくり出す力の基盤を培う。

内容	・はう、歩く、上る、くぐるなど、十分に体を動かして遊ぶ。 ・様々な食品に慣れ、食べることを楽しみながら、自分で食べようとする。 ・保育者に手助けされて、手を洗ったり顔や口の周りを拭いたりする。 ・一人ひとりの生活のリズムが身に付き、安定して午睡をする。 ・自分で衣服を脱ごうとして手足を引いたり、保育者が持つ衣服に手足を入れようとする。

ねらい　イ　身近な人と気持ちが通じ合う 　　　　　　　受容的・応答的な関わりの下で、何かを伝えようとする意欲や身近な大人との信頼関係を育て、 　　　　　　　人と関わる力の基盤を培う。

内容	・保育者の愛情豊かな関わりのもとで、安心感をもって心地よく生活をする。 ・身近にいる子どもや保育者のしていることをまねて遊ぶ。 ・自分の感情や欲求を、声や喃語、しぐさで伝えようとする。 ・好きな絵本を保育者に読んでもらい、知っている物や言葉を指さしたり言ったりする。 ・保育者をまねて、歌や手遊びを一緒にやろうとする。

ねらい　ウ　身近な物と関わり感性が育つ 　　　　　　　身近な環境に興味や好奇心をもって関わり、感じたことや考えたことを表現する力の基盤を培う。

内容	・興味をもった物のあるところに行き、つまむ、引っ張る、貼る、はがすなど、手や指を使って遊ぶ。 ・玩具や物を渡そうとしたり、渡された物を受け取ったりして遊ぶ。 ・砂、土、小石、草花、落葉などの自然物の感触を楽しんだり、見立てたりして遊ぶ。 ・クレヨンやタンポなどを手に持って、腕を動かしたり、画用紙に色を着けたり、描いたりする。 ・保育者と一緒に知っている歌やリズムに合わせて手足や体を動かして遊ぶ。

	1歳3期（9～10月）	1歳4期（11月～12月）	1歳5期（1～3月）
個人の ねらい			
保育の 展開と 子ども の育ち			
特記 すべき 事項			

【0歳児（1歳3期～1歳5期）】用語例

個人のねらい

• 食べることに期待をもって自分で食べようとする。
• つまむ、ひっぱる等指先を使った遊びを十分に楽しむ。
• 室内や戸外で思うままに歩く楽しさを感じる。
• 保育者の手遊びや歌をまねて喜ぶ。

特記すべき事項

• 病院での検査結果が出て、卵アレルギーと診断される。即時献立を
  チェックし除去食を開始するとともに、診断書をもとに保護者と早急
  に面談をもった。
• 帰宅後、階段4段目あたりから転落したため受診したと連絡があった。
  傷は浅く出血はわずかだが、コブになっているため園でも注意して見
  ていく。
• 母親の短時間勤務が1歳3か月で終了するため、保育時間が長くなる
  ので不安を感じている。生活リズムや成長の様子等話し合う機会を
  作っていく。

保育の展開と子どもの育ち

• 両手でコップやおわんを持って飲んでいる。スプーンや手づかみで嬉し
  そうに食べ、知っている食材を見つけると片言で保育者に伝えている。
• プレート落としやテープはがし等の指先を使った遊びに集中し、小麦粉
  粘土を手のひらでたたいたりこねたりしながら、声を立てて喜んでいる。
• 園庭にある草花や遊具に興味を示し、見たり触れたりしている。アリ
  を見つけると「あ、あ」と指差ししながら保育者に知らせている。
• 保育者の手遊びや体操をまねして体を動かし、一緒に歌ったり動いたり
  している子どもと顔を見合わせると、嬉しそうに笑い合っている。
• 絵本の食べ物を指さして食べるまねをしたり、絵本の中の車や犬を見
  て、「ブーブー」「わんわん」と言葉で表現している。

1歳児・2歳児（共通） 発達経過記録

内容
ア　健康
健康な心と体を育て、自ら健康で安全な生活をつくり出す力を養う。
ねらい　① 明るく伸び伸びと生活し、自分から体を動かすことを楽しむ。 ② 自分の体を十分に動かし、様々な動きをしようとする。 ③ 健康、安全な生活に必要な習慣に気付き、自分でしてみようとする気持ちが育つ。
イ　人間関係
他の人々と親しみ、支え合って生活するために、自立心を育て、人と関わる力を養う。
ねらい　① 保育所での生活を楽しみ、身近な人と関わる心地よさを感じる。 ② 周囲の子ども等への興味や関心が高まり、関わりをもとうとする。 ③ 保育所の生活の仕方に慣れ、きまりの大切さに気付く。

	1期	2期
個人の ねらい		
保育の 展開と 子ども の育ち		
特記 すべき 事項		

内容

ウ　環境

周囲の様々な環境に好奇心や探究心をもって関わり、それらを生活に取り入れていこうとする力を養う。

ねらい
① 身近な環境に親しみ、触れ合う中で、様々なものに興味や関心をもつ。
② 様々なものに関わる中で、発見を楽しんだり、考えたりしようとする。
③ 見る、聞く、触るなどの経験を通して、感覚の働きを豊かにする。

エ　言葉

経験したことや考えたことなどを自分なりの言葉で表現し、相手の話す言葉を聞こうとする意欲や態度を育て、言葉に対する感覚や言葉で表現する力を養う。

ねらい
① 言葉遊びや言葉で表現する楽しさを感じる。
② 人の言葉や話などを聞き、自分でも思ったことを伝えようとする。
③ 絵本や物語等に親しむとともに、言葉のやり取りを通じて身近な人と気持ちを通わせる。

オ　表現

感じたことや考えたことを自分なりに表現することを通して、豊かな感性や表現する力を養い、創造性を豊かにする。

ねらい
① 身体の諸感覚の経験を豊かにし、様々な感覚を味わう。
② 感じたことや考えたことなどを自分なりに表現しようとする。
③ 生活や遊びの様々な体験を通して、イメージや感性が豊かになる。

	3期	4期
個人の ねらい		
保育の 展開と 子ども の育ち		
特記 すべき 事項		

4 『発達経過記録』から保育要録へ

【1歳児】用語例

個人のねらい

- 新しい生活の場所に慣れ、保育者に親しみ安心して自分の気持ちを表す。
- 保育所の食事に慣れ、保育者に食べさせてもらったり自分で手づかみやスプーンで食べようとしたりする。
- 保育者に見守られながら安心した環境の中で一人遊びを楽しむ。
- 保育者の手を借りながら衣服を自分で脱いだり着たりしようとする。
- 1日の生活の流れがわかり、園の生活リズムに合わせて動こうとする。
- 自分で手を洗ったり口の周りを拭いたりして、きれいになることを喜ぶ。
- 便座での排せつに興味をもち、便座に座ってみる。
- 保育者と一緒に、戸外でたくさん歩いたりかけたり、登る・降りる・跳ぶ・くぐるなどの全身を使った遊びを楽しむ。
- 保育者の仲立ちのもと、友達と関わりながら、ごっこ遊びを経験する。

特記すべき事項

- 風邪をひきやすく、せきが出始めると長引くことが多いので、加湿器などで室内の湿度に配慮している。
- アトピー性皮膚炎で、午睡時にかゆがるため、処方された塗り薬を預かり、塗る。
- あせもができやすく、夏場は汗を大量にかくので、皮膚を清潔にするために沐浴回数を増やす。
- 食物アレルギー（卵・小麦）があるため、園では除去食で対応している。
- 母親の勤務地が変わったため、早番から登園することになり保育時間が長くなった。
- 風邪をひくと中耳炎になりやすい。
- 自宅で熱性けいれんを起こしたとのことで、園でも座薬を預かり38℃以上の熱が出た時は入れるようになった。

1歳児　用語例

保育の展開と子どもの育ち

※1歳児以降は、保育所保育指針が示しているねらいごとに用語例を紹介。

ア　健康

①明るく伸び伸びと生活し、自分から体を動かすことを楽しむ

• 自由に歩けることを喜び、室内や園庭での探索行動が活発になり、気になる方へと歩き回るので、床の玩具などにつまずかないよう気を付ける。

• 保育者や友達と一緒に、園周辺の慣れた道での散歩を楽しんでいる。乳母車に乗ることをあまり好まず、自分で歩きたがるので、しっかり手をつなぐようにしている。

• 保育者のまねをしたり友達と一緒になったりして、音楽に合わせて体を動かし体操することを喜んでいる。

②自分の体を十分に動かし、様々な動きをしようとする

• 園庭の築山を何度も登ったり下りたりと、繰り返し楽しんでいる。最初は下りる時に怖くなり上で止まっていたが、自分でお尻をつきながら下りるようにもなった。

• かけ足ができるようになり、保育者や友達と戸外で走ったり追いかけっこをしたりすることを好んでいる。

• さようならの挨拶でのぴょんぴょんジャンプがとてもお気に入りで、日中などでも保育者の手を自らつかみジャンプをすることを求めている。

③健康、安全な生活に必要な習慣に気付き、自分でしてみようとする気持ちが育つ

• 汗をかいたら保育者に拭いてもらったり、着替えさせてもらったりして、気持ちよさを感じている。

67

- 衣服の着脱の際には、保育者の声かけに合わせて、自分からも手足を動かすようになった。
- 野菜は苦手であるが、細かくしてご飯に混ぜるなどすると自分でもスプーンで口に運び食べようとしている。

イ　人間関係

①保育所での生活を楽しみ、身近な人と関わる心地よさを感じる

- 入園当初は保護者と離れる際に泣くことが多かったが、お気に入りの人形を見つけ、それを渡すと遊び始めることができた。
- 自分の担当保育者がわかるようになり、登園すると自ら笑顔でかけ寄り、ひざの上に座り絵本を読んでもらうことを楽しんでいる。
- 担当保育者が時間で勤務を終え、交代する時に、後追いをして泣くようになったので、遊びに集中している時に保育室を出る等配慮する。

②周囲の子ども等への興味や関心が高まり、関わりをもとうとする

- 保育者が友達の名前を呼んでいると、その子のことを指さしたり一緒にまねをして呼んでみたりするようになってきた。
- 気の合う友達と一緒に室内で手をつないで歩き回ったり、顔を見合わせて笑ったりと、一緒に何かすることを楽しんでいる。
- 友達が持っている玩具が気になってほしくなり奪うことが増えてきたので、同じ玩具を複数用意することで、「一緒だね！」と友達と一緒に遊ぶ心地よさを伝えた。

③保育所の生活の仕方に慣れ、きまりの大切さに気付く

- 物の貸し借りがうまくできず、大きな声を出したり、すぐに手が出てしまったりする。保育者が仲立ちに入るが、気持ちが落ち着くまでには時間がかかる。
- 保育者や友達と一緒に玩具を片づけることが楽しくなったようで、片

づけの時間になると両手いっぱいに玩具をもって片づけている。また、玩具の種類を区別しながら片づけることも上手になった。

ウ　環境

①身近な環境に親しみ、触れ合う中で、様々なものに興味や関心をもつ

- 園庭のプランターで育てているチューリップが好きで、保育者と一緒にジョウロで水やりをすることを楽しんでいた。
- 夏のビニールプールを機に水遊びが大好きになり、園庭に出るとペットボトルや小さなカップなどに水を汲み、砂場に流して遊ぶことに夢中になっていた。

②様々なものに関わる中で、発見を楽しんだり、考えたりしようとする

- 散歩に出かけ自分のマークと同じ蝶を見つけると「ちょうちょ！」と声を出して喜んでいる。
- 落ち葉拾いに出かけ、様々な種類の葉っぱが落ちていると、「これ、おっきいね〜」と大きな葉っぱを好んで拾う姿が見られた。
- 絵本を見ていると出てくる動物の名前を自分で言ったり、「これ、なあ〜に？」と保育者に尋ねてきたりすることが多くなった。

③見る、聞く、触るなどの経験を通して、感覚の働きを豊かにする

- 入園当初は砂が手につくことを嫌がり砂場遊びをあまり好んでいなかったが、保育者と一緒にカップに砂を入れたりしていると抵抗感がなくなってきたようである。
- 七夕祭りで年長児による「キラキラ星」の鍵盤ハーモニカの演奏を聴くと、普段、部屋で歌う時よりも楽しんで体を動かし踊っていた。これを機に楽器の玩具に興味が強まった。

エ　言葉

①言葉遊びや言葉で表現する楽しさを感じる

- 自分の名前を呼ばれると元気に返事をしたり、「せーんせ」と何度も呼んでは返事をしてもらうのを喜んだりする姿が見られる。
- 大好きな自動車の玩具を走らせる時は、「ブーブーブー」と擬音を付けながら走らせている。
- 戸外遊びの時間になると、自分からカラー帽子を被り「おそと、いく！」と言いながら、早く外に行きたい気持ちを伝えている。

②人の言葉や話などを聞き、自分でも思ったことを伝えようとする

- 自分の意思を保育者に伝えようと、指さし、身振り、片言などを盛んに使うようになった。
- 自分で積み上げた積み木やブロックなどを保育者に見てもらいたくて、「見て、見て」などと言って保育者の手を引き、見せてくれようとする。
- 「あのね、あのね」と話をしたい気持ちがとても発達してきている。まだすぐに話が出ないことが多いが、自分の言葉が出るのをゆっくり待つようにしている。

③絵本や物語等に親しむとともに、言葉のやり取りを通じて身近な人と気持ちを通わせる

- 紙芝居の中に出てくる「もういいかい？」「ま〜だだよ」「もういいよ」のやり取りが気に入り、その部分になると、一緒に言いながら楽しんでいた。
- 友達に玩具を貸してもらった時などに、保育者と一緒に「ありがとう」が言えるようになってきた。また、簡単なごっこ遊びの中で「これ、どーぞ」とごちそうを渡すなどの姿も見られる。

オ　表現

①身体の諸感覚の経験を豊かにし、様々な感覚を味わう

- 水たまりが大好きで、雨上がりの日は自分から水たまりを見つけてはズボンがびちょびちょになるまで水たまりの中で足踏みをしたり、手のひらをつけたりして楽しんでいる。
- 初めて行った小麦粉粘土遊びでは、手にくっつく感覚を嫌がる姿もあったが、2回目になると友達の様子を見ながら、自分から触り始め、ちぎったりカップに詰めたりして楽しむようになった。

②感じたことや考えたことなどを自分なりに表現しようとする

- 園に飾られているからくり時計がお気に入りで、時計の前を通ると必ずそこで止まるよう訴え、時計の中のキャラクターのまねをして手をヒラヒラさせ踊って見せる。
- 親子遠足で動物園に行った後、動物が載っている絵本や紙芝居を見るたびに「ゾウさんいたね～」と遠足のことを思い出し話してくれる。

③生活や遊びの様々な体験を通して、イメージや感性が豊かになる

- 歌や手遊びが大好きで、音楽をかけるとCDデッキの前に行って体を揺すりながら楽しんでいる。
- 人形遊びをよくするが、自分の手拭きタオルを持ってきては布団に見立て人形にかけたり、ティッシュペーパーで口を拭いたりと具体的な遊び方をするようになってきた。

4 『発達経過記録』から保育要録へ

【2歳児】用語例

個人のねらい

- 保育者の愛情豊かな関わりの中で、安心して生活する。
- 保育者の仲立ちにより、楽しく遊ぶ。
- 保育者との心地よい関係の中で、園生活に慣れる。
- 体を十分に動かして遊び、挑戦して満足感を味わう。
- 保育者が見守る中で友達と仲良く遊ぶ。
- 友達と一緒に遊ぶことを楽しむ。
- みんなと一緒に食べることが楽しいと感じる。
- みんなと一緒に食べることで、箸に興味をもち使ってみようとする。
- 行動範囲が広がり、様々なものに興味をもつ。
- 園生活にはきまりがあることに気づき、自分でしてみようとする。
- 言葉で自分の思いを伝える。
- 尿意を言葉で伝えるようになる。
- 言葉のやり取りが楽しくなり、友達と気持ちを通じ合わせる。
- 絵本や紙芝居に興味をもつようになり、集中して見る。
- ごっこ遊びで大人のまねをして楽しむ。

特記すべき事項

- アトピー性皮膚炎でかゆがることが多く、夏場は沐浴回数を増やしたり、シャワーを浴びたりする。
- 汗をよくかき、膝、肘の内側や首にあせもができやすい。
- 蚊など虫に刺されると赤く腫れやすいので、外に出る時には「虫よけ対策」をする。
- 蓄のう症で常に色のついた鼻水が出ている。
- 偏食があり、食が細い。
- なんでもよく食べるが、かまずに飲み込んでしまうので、保育者が「モ

グモグゴックン」と見本になりながら、伝えているがまだ飲み込むことが多い。

- 前夜に熱があった時も解熱剤で下げてくることが多く、保育中に発熱することもあるので、連絡先を確認しておく。

保育の展開と子どもの育ち

ア　健康

①明るく伸び伸びと生活し、自分から体を動かすことを楽しむ

- 進級当初、保育者が替わったことで不安定になり、保育者のそばから離れずに、しばらくは抱っこを求めていた。抱き、スキンシップを取ることで6月頃には安定して、遊び始めた。
- 保育者がそばにいることで、安定して子ども同士で遊ぶ姿があった。時には保育者が仲立ちをしながら、楽しく一緒に遊べるようになった。
- テラスで音楽が聞こえてくると、近くへ行き、体を動かしたり、ボンボンを振ったりして楽しんでいる。

②自分の体を十分に動かし、様々な動きをしようとする

- 広い園庭で、走ったり、すべり台を登ったりすべったりして、動くことの心地よさや喜びを感じて楽しんでいる。
- 園庭の小高い山に登ったり下りたり、大きな土管のトンネルの中から出たり入ったりと全身を使う遊びを楽しんでいる。
- 大きい子たちの踊るダンスをじっと見ていて、まねしたりして、体を動かすことを楽しんでいる。

③健康、安全な生活に必要な習慣に気付き、自分でしてみようとする気持ちが育つ

- 様々な食品や調理形態に慣れてきて、十分に遊んだ後に、ゆったりと

した雰囲気の中で保育者とともにおいしく食べている。

- 「自分で」の気持ちが益々大きくなってきて、保育者の助けを借りながら、簡単な衣服の着脱を自分でして、ほめられることでより意欲がわいている。

- 園庭から帰ってくると着替えをすることで身の回りを清潔に保つ心地よさを感じ、保育者の言葉がけ（きれいにしようね、さっぱりしたね）により、きれいになる気持ちよさの意味を感じ取れるようになってきた。

- 他児がトイレへ行くと、自分もパンツを脱ぎ、自分で排せつができるようになる。

イ　人間関係

①保育所での生活を楽しみ、身近な人と関わる心地よさを感じる

- 自分を温かく受け入れてくれる保育者や友達に親しみをもつようになった。

- 受け入れてくれる大人がいることで心地よさを感じ、安定して過ごしている。

- 自分で考え、自分でしたいことを見つけて、取り組もうとする意欲や諦めずにやり遂げようとする気持ちが芽生えてきた。

②周囲の子ども等への興味や関心が高まり、関わりをもとうとする

- 自分と異なる思いをもっている子がいることに気づく。

- 保育者の仲立ちにより、少しずつ他児とも関わりをもとうとする姿がある。

- 家族以外の大人や違う言葉を話す人、お年寄りなど、人はみんな違いがあることを毎日の園生活を通して感じ取れるようになる。

③保育所の生活の仕方に慣れ、きまりの大切さに気付く

- 外に出る時には靴を履くなど保育所の生活にはきまりがあることに気づく。
- 楽しく遊ぶためのきまりの大切さを子どもなりに感じるようになる。
- 年長児や保育者のまねやごっこ遊びを通して、保育所での生活のしかたに気づいていった。

ウ　環境

①身近な環境に親しみ、触れ合う中で、様々なものに興味や関心をもつ

- 目に入ってくるものに次々と興味をもって反応している。
- 安全基地のような存在として信頼を寄せる保育者が近くにいることで、情緒が安定し、好奇心をもって周囲の人や物に関わってみようとする姿がある。
- 大きい子のまねをして、自分のイメージで簡単な制作を楽しんでいる。

②様々なものに関わる中で、発見を楽しんだり、考えたりしようとする

- 興味をもった玩具などを自分なりに工夫しながら楽しんでいる。
- 見立て遊びや自分のイメージで遊びの世界が豊かに広がっている。
- 季節の行事に大きい子と一緒に参加し、その雰囲気を味わい、楽しんでいる。

③見る、聞く、触るなどの経験を通して、感覚の働きを豊かにする

- 園内にいる小動物に餌をあげたり、年長児が世話をしたりしている姿を見て、慣れ親しんでいる生き物に愛着を感じるようになる。
- 散歩でいつも会う犬に親しみをもち、名前をつけて声をかけ、会うのを楽しみにしている。

エ　言葉

①言葉遊びや言葉で表現する楽しさを感じる

・人と一緒に気持ちよく生活するために必要な言葉（どうぞ、ありがとう、はい、貸して、ちょうだい）を覚える。

・名前を呼ばれると「はい」と返事をすることが恥ずかしがらずにできるようになる。

・友達と名前を呼び合うことを楽しんでいる。

②人の言葉や話などを聞き、自分でも思ったことを伝えようとする

・「おはよう」など日常の挨拶の言葉を、親しみをもって交わせるようになる。

・保育者とごっこ遊びをする中で、言葉のやり取りを楽しむ。

・言葉の数が増え、「おしっこ出る」など言葉で知らせることができるようになる。

・保育者や友達の言葉や話に興味や関心をもって、聞いたり、話したりするようになる。

③絵本や物語等に親しむとともに、言葉のやり取りを通じて身近な人と気持ちを通わせる

・保育者が仲立ちとなり、子ども同士でも言葉のやり取りを楽しむようになる。

・絵本や紙芝居を楽しみ、簡単な言葉を繰り返したり、模倣したりして遊んでいる。

・同じ絵本や紙芝居を繰り返し読んでもらうことを楽しみ、登場人物になりきって遊ぶようになる。

オ　表現

①身体の諸感覚の経験を豊かにし、様々な感覚を味わう

- 水、砂、土、粘土など様々な素材に触れて楽しんでいる。
- 音楽や楽器のリズムに合わせて体を動かすことを楽しむ。
- 大きい子のまねをして自分の身体全体を使って楽器を鳴らしたり、動いたりして楽しんでいる。

②感じたことや考えたことなどを自分なりに表現しようとする

- 生活の中で様々な音、形、色、手触り、動き、味、香りなどに気づいたり、感じたりして楽しんでいる。
- 歌を歌ったり、簡単な手遊びや全身を使う遊びを楽しんでいる。
- 一人でもＣＤをかけて、自分のイメージで体を動かして楽しんでいる。

③生活や遊びの様々な体験を通して、イメージや感性が豊かになる

- 保育者の話や生活、遊びの中での出来事を通して、イメージを豊かにしている。
- 生活や遊びの中で、興味あることや経験したことなどを自分なりに表現する。
- 心の中にあるイメージを自分なりに表現しようとする。

３歳児・４歳児・５歳児（共通）　発達経過記録

内容
ア　健康
健康な心と体を育て、自ら健康で安全な生活をつくり出す力を養う。
ねらい　① 明るく伸び伸びと行動し、充実感を味わう。 ② 自分の体を十分に動かし、進んで運動しようとする。 ③ 健康、安全な生活に必要な習慣や態度を身に付け、見通しをもって行動する。
イ　人間関係
他の人々と親しみ、支え合って生活するために、自立心を育て、人と関わる力を養う。
ねらい　① 保育所の生活を楽しみ、自分の力で行動することの充実感を味わう。 ② 身近な人と親しみ、関わりを深め、工夫したり、協力したりして一緒に活動する楽しさを味わい、愛情や信頼感をもつ。 ③ 社会生活における望ましい習慣や態度を身に付ける。

	1期	2期
個人の ねらい		
保育の 展開と 子ども の育ち		
特記 すべき 事項		

	内容
ウ　環境	
周囲の様々な環境に好奇心や探究心をもって関わり、それらを生活に取り入れていこうとする力を養う。	

ねらい	① 身近な環境に親しみ、自然と触れ合う中で様々な事象に興味や関心をもつ。 ② 身近な環境に自分から関わり、発見を楽しんだり、考えたりし、それを生活に取り入れようとする。 ③ 身近な事象を見たり、考えたり、扱ったりする中で、物の性質や数量、文字などに対する感覚を豊かにする。

エ　言葉
経験したことや考えたことなどを自分なりの言葉で表現し、相手の話す言葉を聞こうとする意欲や態度を育て、言葉に対する感覚や言葉で表現する力を養う。

ねらい	① 自分の気持ちを言葉で表現する楽しさを味わう。 ② 人の言葉や話などをよく聞き、自分の経験したことや考えたことを話し、伝え合う喜びを味わう。 ③ 日常生活に必要な言葉が分かるようになるとともに、絵本や物語などに親しみ、言葉に対する感覚を豊かにし、保育士等や友達と心を通わせる。

オ　表現
感じたことや考えたことを自分なりに表現することを通して、豊かな感性や表現する力を養い、創造性を豊かにする。

ねらい	① いろいろなものの美しさなどに対する豊かな感性をもつ。 ② 感じたことや考えたことを自分なりに表現して楽しむ。 ③ 生活の中でイメージを豊かにし、様々な表現を楽しむ。

	3期	4期
個人の ねらい		
保育の 展開と 子ども の育ち		
特記 すべき 事項		

4 『発達経過記録』から保育要録へ

【3歳児】用語例

個人のねらい

- 新しいクラスや保育者に慣れ、安心して過ごす。
- 室内や戸外で、体を動かして遊ぶ楽しさを味わう。
- 友達と一緒に食事をすることを楽しむ。
- 身の回りのことを自分でしようとする（食事、排せつ、着替え、手洗い、うがい）。
- 保育者や友達に親しみを感じながら、一緒に遊ぶ楽しさを知る。
- 好きな遊びを見つけて、気の合う友達と存分に楽しむ。
- 困っている友達がいると、その思いに気づき関わろうとする気持ちが芽生える。
- 友達との関わりを通して、相手に思いがあることに気づいていく。
- 木や草花、虫など身近な自然に興味をもつ。
- 砂、泥、水などの素材に触れて遊ぶ楽しさを味わう。
- 玩具や物のある場所がわかり、進んで片づけようとする気持ちをもつ。
- 遊びや生活の様々な経験を通して、ルールがあることに気づいていく。
- 気が付いたことや考えたことを保育者や友達に言葉で表現しようとする。
- 自分の困っていることやしてほしいことを、相手に伝えようとする。
- 遊びに必要な言葉を考え、自分なりに表現することを楽しむ。
- 好きな絵本や物語を繰り返し見たり聞いたりして、それを遊びに取り入れる楽しさを味わう。
- 保育者や友達と一緒に歌や手遊びを楽しむ。
- リズムに合わせて体を動かし、自分なりに伸び伸びと表現する喜びを感じる。
- 身近にある素材や教材を使い、作る楽しさを味わう。

3歳児　用語例

特記すべき事項

- 0歳児クラスの頃より卵と牛乳の食物アレルギーがある。現在も除去食を続けているが症状が改善されてきており、医師の指示により家庭では5グラム程度の卵黄と温牛乳を交互に与えて様子を見ている。
- 2歳児クラス11月に家庭で熱性けいれんを起こしたため、けいれん予防の座薬を預かっている。発熱の際は37.5°で使用することを確認している。
- 友達と園庭のベンチから飛び降りて遊んでいる時、着地の際に捻挫して受診する。医師から1週間通院が必要と告げられ、毎日看護師と担任が付き添った。
- 遠視がわかり眼鏡をかけることになったため、その扱いを保護者と確認した。

保育の展開と子どもの育ち

ア　健康

①明るく伸び伸びと行動し、充実感を味わう

- 進級した時は新しい保育室と担任に戸惑っている様子だったため、保育者が一緒に物の置き場所を確認したり2歳児の頃に好きだった玩具を用意したりすると、2週目の後半には笑顔で登園するようになった。
- 新しいクラスでの生活のしかたがわかるようになり、着替えや食前食後の手洗いを自分から進んで行っている。
- 外遊びの後に服が汚れていることを知らされると、ロッカーから衣類を出して自分で着替え、保育者の言葉かけで脱いだ服を片づけるようになった。
- 友達や保育者と会話を楽しみながら、スプーンやフォークを使って食事をしている。食後のうがいの時に鏡を見ることを伝えると、口の回りの汚れを洗っている。

81

- 午睡の前に10分程度好きな絵本を見る時間を設けると、友達とふざけたり寝返りをうち続けることなく、横になると静かに眠るようになった。

②自分の体を十分に動かし、進んで運動しようとする

- 保育室が1階に移り外に出る機会が増え、自分から積極的に出るようになった。友達や保育者と一緒に走ったり、追いかけっこをしたりしながら遊んでいる。
- 巧技台や平均台をはじめた頃は何度も下に足を着いていたが、友達のしている様子を見て体全体のバランスを取りながらゆっくり進み、渡りきるようになった。
- 友達と一緒に片足跳びをしていたため、室内にリングを並べ保育者がケンパをしてみせた。何日か遊んでいるうちにリングを使わずに跳ぶようになった。
- みんなでゲームをする時に入ろうとしないため、保育者と手をつないで2種類の果物のフルーツバスケットを行うと、2回目からは一人で動いていた。
- 年長児がサッカーをしている様子を見て、自分からボールを持ってきて蹴り始め、園庭中を蹴りながら走り回っていた。

③健康、安全な生活に必要な習慣や態度を身に付け、見通しをもって行動する

- 食事の時にいろいろな食材の名前を言っていたので、それぞれが体にどんな栄養となっているか話題にすると、苦手だった魚を自分から一口食べるようになった。
- 外遊び後の手洗い、うがいはしているが、排せつ後は遊びたい気持ちが強く、手を洗わないことがある。看護師がクラス全員に手洗いやうがいの大切さを話した後は友達と一緒に洗っている。

3歳児　用語例

- 保育者とクラスのみんなで保育室や園庭の探検ごっこをしながら危険な場所での行動のしかたを話すと、自分なりに考えて遊んでいる。
- 保育者に自分がけがをした時の経験を尋ねられ、顔や体が傷つくとどうなるか保育者と一緒に考えてからは、興奮してブロックや積み木などの玩具を投げることがなくなってきた。
- 消防署を訪ね、地震や火事などの災害から命を守る大切さを聞いた後からは、避難訓練の時におしゃべりをすることがなくなり、真剣な表情で参加するようになった。

イ　人間関係

①保育所の生活を楽しみ、自分の力で行動することの充実感を味わう

- 新しい担任に緊張し、呼びかけても保育者のほうを見ようとしなかったが、家庭のことを話題にしたり好きな遊びを一緒に楽しんだりしていると次第に打ち解け、自分から話しかけてくるようになった。
- すべり台で新入園児が遊んでいると自分もすべり始め、何回か繰り返して遊ぶうちに一緒にいる楽しさを感じて笑い合うようになった。相手がすべり台から離れると後を追って走り、追いかけっこをして遊んでいた。
- 友達が泣いていることに気づき、どうして泣いているのか尋ねていた。保育者に伝えに来ることはなかったが、なかなか泣き止まずにいるとその子の頭をなでていた。
- ソフト積み木を使って場を作り、家に見立てて遊んでいるうち、相手のしたいことと自分の思いが食い違いトラブルになった。保育者が近くで見守るようにしていると、言い合っているうちに笑い出し、また遊びを進めていた。
- 園庭で遊びたくなった時は、近くにいる友達に一緒に行こうと自分から誘い、断られると別の友達に声をかけている。

4　『発達経過記録』から保育要録へ

②身近な人と親しみ、関わりを深め、工夫したり、協力したりして一緒
　に活動する楽しさを味わい、愛情や信頼感をもつ

- ごっこ遊びでは家族やお店屋さんを思い浮かべて、友達とやりたい役
  割を伝え合って遊ぼうとしている。
- 友達が作ったものに興味を示し保育者に作ってほしいと言ってきたた
  め、作り方を聞いてみることを提案すると自分から友達に尋ね、手伝っ
  てもらいながら作っていた。
- 高齢者を招いての会に向けてプレゼント製作をすると、自分の祖父母
  のことやプレゼントを喜んでくれるかどうか友達同士で話しながら
  作っていた。
- 保育者の手伝いを頼むと、やりたい子同士譲り合えなくなる。その都
  度、友達が泣いたり怒ったりすると楽しくなくなることを話すと、一
  緒にやろうとするようになった。
- 片づけの時、男児が一人で積み木の箱を持とうとしていることを保育
  者がつぶやくと、「一緒に持とう」と言って二人で運んでいた。

③社会生活における望ましい習慣や態度を身に付ける

- 年長児が育てているプチトマトを友達と一緒に採ってしまった。自分
  達で謝ると言ったため見守っていると、年長児に諭されて自分達から
  謝っていた。
- トラブルで友達をたたいた時に、保育者はたたかれた子の痛さに共感
  したり我慢したことを認めたりしながら手当てしている様子を見て、
  「もうしない」と言っていた。
- 小さいクラスの子どもが戸外に出るところを見かけると、靴をはかせ
  る手伝いをしたり手をつないだりしていた。保育者に「ありがとう」
  と言われ嬉しそうにしていた。
- 友達を押しのけたり割り込んだりして先に並ぼうとした時、友達に注
  意されたり待っている子の姿を認めたりするといけないことに気づく

3歳児　用語例

が、今後も対応が必要と思われる。

- 家族と一緒に作った製作物を展示すると、友達と笑顔で話しながら見ていた。

ウ　環境

①身近な環境に親しみ、自然と触れ合う中で様々な事象に興味や関心をもつ

- 園庭に咲いている花を見ながら、赤、白、黄色など友達と色の名前を一緒に言っていた。また、桜の花びらが風に舞っている様子を、「すごい」と言いながら見ていた。
- 年長児と保育者が園庭の畑を掘り起こしていると、土の中にいる虫を発見し、じーっと見ていたが、その後小さな飼育箱に入れて友達と一緒に観察していた。
- 園庭の小さな池にオタマジャクシがたくさん生まれていることに気づき、毎日見に行っては「足が出た」「手も出た」と友達同士で伝え合っていた。
- 雲を見ながら食べ物や動物など様々な物に見立てては保育者に伝えていた。空の変化が面白い様子で、虹や飛行機雲、真っ赤な夕焼けなどを見つけて友達と喜んでいる。
- クラスの友達が家庭から持ってきた金魚を3匹飼うことにすると、餌をあげる順番を心待ちにし、好きな遊びの時間には金魚の絵を描いている。

②身近な環境に自分から関わり、発見を楽しんだり、考えたりし、それを生活に取り入れようとする

- アサガオの花で色水を作り、ペットボトルに入れていた。偶然太陽の光が通り、地面にきらきら映っている様子に感動し、いろいろな場所に持って行って試していた。

- イチョウやモミジなどの落ち葉を拾い集め、緑や黄色、赤など様々な色があることを不思議がっていた。砂場で作ったケーキの飾りにしたり、保育室でままごとの食べ物に見立てて遊んだりしていた。
- ドングリを拾うために散歩に出かけ、一生懸命に探し見つけると喜んでいた。ドングリに似ているけれど形が違うものを発見し、友達と見せ合っていた。
- 年長児が畑のサツマイモを掘り出す様子を興味津々で見た数日後、おやつに出たふかし芋を「保育園のおいも」と言って嬉しそうに食べていた。
- 寒さが厳しい朝、4歳児が池で見つけた氷を持って喜んでいるのを見て、翌日いち早く池に行ったが氷はできておらず、なぜなかったのか不思議がっていた。

> ③身近な事象を見たり、考えたり、扱ったりする中で、物の性質や数量、文字などに対する感覚を豊かにする

- 砂場で大きな山を作りトンネルを通したいと横穴を掘ると山が崩れ始めた。保育者がどうしたらよいか問いかけると、水をかけて固くすると言い、たらいに水を汲み入れ再度山作りに挑戦し、トンネルを貫通させた。
- 様々な素材を用意しておくと、保育者に手伝ってもらいながらビニール袋を使ってたこを作り、園庭で走って揚げていた。風の強い日に走らなくてもたこが揚がったままであることに気づき、友達に揚がっていることを大声で伝えていた。
- 夏に水やりをしていたフウセンカズラとヒマワリの種が採れるようになり、ヒマワリのほうが大きいと言ったり、どっちの種がたくさん採れるか容器に入れて友達と毎日量を比べたりしていた。
- 絵本で作った斜面でドングリを転がしていたため、牛乳パックをつなげればトンネルになることを提案するとすぐに取りかかり、斜めに設

置して何度も転がしていた。

エ　言葉

①自分の気持ちを言葉で表現する楽しさを味わう

- ままごとのお皿にスポンジやフエルト、空き箱等を並べて保育者にふるまってくれる。「何が食べたいですか」「カレーライスどうぞ」「おいしいですか」と自分なりに遊びに必要な言葉を工夫して使い、保育者が喜ぶと近くにいる友達にも持って行った。
- 電車ごっこでは、自分の知っている駅名を言った後に「気をつけて降りてくださーい」と付け加えている。次に停まる駅を言ったり行きたい所を友達に聞いたりしていた。
- 電車やバスに見立てた遊びでは、以前なら運転手役を代わってくれないと怒ってその場を離れたが、今は自分のやりたい気持ちを伝えたり、いつなら代わってくれるのか、どうすれば代わってもらえのるかを言葉でやりとりをしたりして、遊びを続けようとしている。
- 友達とけんかすると保育者を捜して、嫌だったことやしたかったことを言葉で表現し、友達の話も聞いて「じゃあこうしよう」と考え、解決しようとしている。
- 「もしかして」という想像を膨らませ、こんなに大きい虫がいたらどうする、ライオンがきたら、先生が子どもになっちゃったらなど、思いつくままに嬉しそうに話している。

②人の言葉や話などをよく聞き、自分の経験したことや考えたことを話し、伝え合う喜びを味わう

- 新しく同じクラスになった子どもの名前を覚え、親しみをもって呼びかけたり自分がしている遊びに誘って笑い合ったりしていた。
- 2～3人で動物園ごっこが始まると自分からライオンをやりたいと言い、友達が犬をやると言った時は犬はいないからオオカミのほうがい

い、オオカミは「わおーん」と鳴くことなど、自分の知っていること
やしたいことを伝えながら遊んでいた。

- 園庭で遊んでいると空に虹を見つけ、「虹だ虹だ、すごいすごい」と
感動を表し、保育者や友達に見てと呼びかけ、「赤と青と緑と」とみん
なと一緒に言っていた。
- 友達と言い合いになり相手が泣き出したため、保育者がどうしたのか
聞くと電車ごっこの運転手役をやりたくて譲れなかったことを自分な
りの言葉で伝えていた。
- 保育者と一緒に砂場で山を作り、トンネルを通すことになったが壊れ
てしまった。友達が「山を固くしよう」と言い、保育者が水を混ぜよ
うかと言ったことをよく聞いていて、「ジョーロに水くんでくる、先生
も固くするの手伝って」と言ってきた。

> ③日常生活に必要な言葉が分かるようになるとともに、絵本や物語など
> に親しみ、言葉に対する感覚を豊かにし、保育士等や友達と心を通わ
> せる

- 保育者が読み聞かせた絵本が気に入り、読んでと数回要求していた。
そのうちストーリーを覚えると、自分で絵本を開きながら知っている
言葉をつないで読んでいた。
- 食事の時「いただきます」「ごちそうさま」を自分から言っている。
また、「これは食べられない」と自分から伝えたり、「おいしいね」と
友達と楽しそうに話したりしている。
- 保育室から外に出ると、「さむいねー」「ぶるぶる」「風がぴゅーぴゅー」
などと友達とやりとりしたあと、「雪降らないかな、雪だるま作れるの
に」と楽しいことを想像していた。
- いつも親しんでいた物語を劇遊びにすると、自分の出番だけでなく繰
り返しの言葉やせりふをリズミカルに表現し、言葉で遊ぶ楽しさを感
じていた様子だった。

オ　表現

①いろいろなものの美しさなどに対する豊かな感性をもつ

- 雲ひとつない青空を見上げて「すごい」「きれい」「飛行機だ」と感動を言葉で伝え合っていた。そこで、クレヨンで好きな絵を描いた後、水色の絵の具で全体を塗った。すると浮き出てくるクレヨンの絵を見て「ワァ〜」と感嘆の声をあげていた。

- 色画用紙を切って製作した後に、小さな切れ端がたくさんあることに気づく。片づけながら「これきれい」と言ってビニール袋に入れ、風船にして遊んだ。

- 初めて雪が降った日、誰も足を踏み入れていない雪の表面がきらきらと光っていることに気づき、宝石みたいだね、まぶしいねなどと、言葉にして雪はそのままにしていた。

- 年長児が行うお店屋さんごっこに参加すると、紙粘土のパンや毛糸の焼きそば、綿で作ったソフトクリームなどに感激し、部屋に戻ってからごっこ遊びに取り入れて友達とやりとりしながら大切に使っていた。

- 様々な大きさと色の風呂敷を保育室におくと、1枚1枚「きれーい」と言って広げて見ていた。その後、スカートやベール、肩掛けにしてお姫様ごっこが始まった。

②感じたことや考えたことを自分なりに表現して楽しむ

- 遊戯室に素材や教材を運び、巧技台とマットを自由に使えるようにすると巧技台をトンネルのようにつなげ、そこをライオンやゾウが通る動物園を作っていた。動物園に行ったことを思い出しながら、自分達でお面を作り、なりきって動いていた。

- 年長児の合奏に招待され、いろいろな楽器の音色に真剣に聞き入っていた。部屋に戻ると早速カスタネットと鈴を出し、段ボール箱を太鼓に見立てて準備し、保育者にCDで音楽を流してと伝え、思い思いに

リズムを取っていた。

- 保育所と家庭が協力して集めた空箱やラップの芯など廃材で、自由製作を提案すると、牛乳パックの足とティッシュケースの胴体、お菓子の空箱で首と顔を作り、耳も付けていた。目と口はマジックで描き、「シマウマなの」と言って飾っていた。

- 運動会のため男性保育者2名がみんなの前で体操をすると、面白そうに笑いながらまねていた。その後友達同士で保育者がどんな動きをしていたか、どこが面白かったかを伝え合い、友達同士で繰り返し体操していた。

- 底が抜けた牛乳パックに手を通したことがきっかけとなり、ヒーローごっこの衣装作りが始まった。どうすれば腕に巻けるか、変身道具はどう作るか考えて製作していた。

③生活の中でイメージを豊かにし、様々な表現を楽しむ

- 絵本の読み聞かせから気に入っている物語を、好きな遊びの中で劇にして遊んだ。『三びきのやぎのがらがらどん』と『どうぞのいす』をみんなでやりたいと、子ども達で決め、物語以外の好きな動物も登場させて、自分なりに表現していた。

- ステージ用に台を作ると、手作りのマイクを持って踊りながらアニメの歌を歌ったり、友達の踊りをまねたりして、緊張することなく見せ合っていた。

- 素材を自由に使ってひな人形を作ると、自分のロッカーの上に飾っていた。

【4 歳児　用語例】

【4歳児】用語例

個人のねらい

- 基本的な生活習慣を身に付け、自分から進んで行うようになる。
- 自分の気持ちや感じたことを素直に表現する。
- 衝突を恐れたり、気にしたりしないで、自分の意見が言えるようになる。
- 友達との関わりの中で、譲り合ったり一緒に行ったりするなど集団行動を身に付ける。
- 相手の立場に立って考えたり、友達の気持ちを理解しようとしたりする。
- 園生活を送るうえできまりや約束事を理解し守り、行動できるようになる。
- 食べ物の好き嫌いが少なくなり、食事を楽しめるようになる。
- 自然に触れながら、季節の変化に気づいたり、植物の成長に関心をもったりする。
- 様々な素材を利用したり工夫したりして、遊ぶ物を作ったり見立てたりして遊ぶ。
- 友達と一緒に遊びながら、十分体を動かし、しなやかな動きを身に付ける。
- 友達と一緒に歌ったり、楽器を弾いたりして楽しむ。
- 進級への期待をもちながら日々の生活を意欲的に過ごす。

特記すべき事項

- アレルギー体質のため、汗をかくことや砂遊びに積極的ではなかったが、保育者と一緒に着替えたり後始末したりしたことで、伸び伸びと遊べるようになった。
- 冷房が苦手で、他の子が適温だと感じている時も寒がるため、個別で

衣服の調節をする。

- 食物アレルギー（乳製品）があったが、保護者からの解除申請が出た
  ため通常食となった。
- 季節の変わり目でぜん息が出やすく、休みがちになった。

保育の展開と子どもの育ち

ア　健康

①明るく伸び伸びと行動し、充実感を味わう

- 入園当初から室内で遊ぶ姿が多く見られ、じっくり取り組む遊びを好
  んでいた。6月頃から、仲間から外遊びに誘われることが多くなり、
  次第に体を動かす遊びに興味をもち、進んで体を動かすようになった。
- 進級当初、集団になじめず、保育者といることで安心する姿が見られ
  た。保育者がそばにいて、友達との遊びの機会を作ったり製作面での
  工夫をみんなの前で認めたりしたのが自信につながり、友達と遊ぶ姿
  が見られるようになった。
- 9月後半から、他の活動にも持ち前のひょうきんさを前面に出すよう
  になり、みんなの前で当番発表をする時も面白いことを言ったりと、
  明るい行動が増えた。
- 新しい経験に出合うと「できない」と言うことが多かった。保育者は
  気持ちを受け止めながら、ひとつひとつ一緒にやっていった。3学期
  になると、自信をもって伸び伸びと取り組むようになった。

②自分の体を十分に動かし、進んで運動しようとする

- 運動に対して苦手意識もあり、仲間が鉄棒などに誘っても「ぼくでき
  ないんだ」と積極的には参加しないことが多いが、友達のまねをしな
  がら少しずつやってみようとする姿も出てきた。
- 1学期は友達が園庭の樹木に登っているのを見ているだけだったが、
  2学期頃から、バケツを踏み台にしながら何度も試みているうちに

4歳児　用語例

きっかけをつかみ、以後徐々に高く登れるようになり、自信をつけていった。

- 2学期の初めは、ボールが自分のほうに来ると逃げていたが、徐々に友達との遊びが活発になるにつれ、積極的にボールに触るようになり、3学期にはサッカーや円形ドッジボールでリーダー格になって遊んでいる。
- 3学期になり仲間と一緒に前回りの練習に意欲的に取り組むようになり、それができると次から次へと他の運動にも挑戦するようになった。

③健康、安全な生活に必要な習慣や態度を身に付け、見通しをもって行動する

- 進級当初、ちょっとしたけがでも、不安から大泣きしていたが、その都度手当てをしながら、消毒のことや薬のこと、自分の体には傷を治す力があることなどを話していくうちに、2学期になると大泣きをせず、我慢できるようになってきた。
- 生活習慣への関心が薄く、遊びに夢中になると衣服を泥だらけにしてしまうことがたびたびあり、生活習慣の確立が課題になっていた。引き続きの保育者の援助と、友達の姿を見ていくうちに、次第に手洗いや着替えに関心をもって行えるようになった。
- 動きが活発で遊びに発展性があるが、衝動的な行動が多く危険な様子が見られた。保育者は遊んでいる時に付き添い、じっくり関わり合うようにしてみたところ、徐々に落ち着きが見られ、3学期には遊びが安定してきた。

イ　人間関係

①保育所の生活を楽しみ、自分の力で行動することの充実感を味わう

- 入園当初よりかなり緊張した状態で、遊びに入れず、5月末には登園を嫌がって毎朝泣き、保護者から離れなかった。言葉かけや遊具での

遊びで安定を図るように努めると、登園時の不安な様子はなくなった。

- 進級当初、母親から離れずに泣き、朝の登園がスムーズにいかなかった。気持ちを受け入れ、スキンシップをしながら本児の話したことをクラスの話題にして、園生活に関心がもてるようにしたところ、10月頃より仲間と親しく遊べるようになり、表情も明るくなった。また、友達が増えるにつれ、積極性が出てリーダー格になって遊ぶようになった。

- 2学期後半頃から、ドロケイなどで「やりたい人この指とまれ」と、みんなに声をかけることができるようになった。

②身近な人と親しみ、関わりを深め、工夫したり、協力したりして一緒に活動する楽しさを味わい、愛情や信頼感をもつ

- 集団生活を不安がり、泣いて登園する日が続いた。その都度、保育者が付き添ったり、友達に世話を頼んだりして関わっていくと、友達の優しさが徐々に不安を取り除いたようで、しだいに笑顔で友達と接し、一緒に遊ぶ楽しさを味わうようになった。

- 活動や遊びなどを傍観することが多く、保育者や友達が誘っても「ヤダ！」と言い、心を開こうとしなかった。事務室が気に入りそこに顔を出し事務の人と会話することが朝の日課となり、友達と行くようになった。6月には友達と一緒に保育室でも楽しく遊んだり活動したりするようになった。

- 進級後は年少時の友達との結びつきが強かったが、7月に入り、保育者と仲間に折り紙を教えたことがきっかけとなり、新しい友達とも関われるようになって、友達の幅が広がった。

③社会生活における望ましい習慣や態度を身に付ける

- 入園当初、集団になじめず、自分勝手な行動をとることが多かった。その都度、友達の気持ちや園での約束などを伝えていったところ、少

しずつ理解を示すようになり、現在では友達と一緒に物事をやり遂げようとする意欲が見られるようになった。

- 以前は遊具を使えなかったり、ゲームができなかったり、また順番を待てずに他の子に注意されるとパニックを起こしたりしていたが、その都度、保育者が受け入れながらやり方を伝えていった。2学期以降、園生活に慣れてくると落ち着き、約束や順番を守れるようになった。

- 1、2学期を通して物事に集中する時間が短く、自分の興味関心にひかれることが多かった。その間、保育者と1対1で活動に取り組む時間を多く取るようにしてきた。3学期には落ち着きが見られ、朝の集まりや活動にも意欲的に参加し、園生活での約束もきちんと守れるようになった。

ウ　環境

①身近な環境に親しみ、自然と触れ合う中で様々な事象に興味や関心をもつ

- 1学期後半、公園に行き探検コースを歩くと怖がって「イヤだ」と泣いていたが、2学期になると、公園の落ち葉からきれいな葉を集めることに興味をもつようになり、公園に行くのが好きになった。その後も徐々に探検コースの上り坂も一人で挑戦するようになった。

- 一人遊びが多かったが、徐々に飼育動物に関心をもち「ザリガニ見つけたよ」と保育者や友達に知らせたり、友達と一緒に餌をあげたりするようになった。2学期にはイナゴ捕りに興味をもち、捕り方のコツを覚えると、年少組に教えに行くなど自信をつけていった。

- 虫が好きで、虫のこととなると友達を押しのけてまでそばに行くのでトラブルも多かった。友達の注意や指摘、保育者の助言などで少しずつ自分の行動も抑えられるようになった。また、捕まえたあと、図鑑で調べたり違いを友達と話し合ったりするなど、興味の幅も広がりつつある。

- 進級と同時に室内のモルモットに興味をもち、毎日餌をやっていた。2学期、モルモットが死んで悲しんだが、次に飼うことになったモルモットでは、食欲や動き、ふんの状態を注意深く観察し、保育者に知らせに来るようになった。

②身近な環境に自分から関わり、発見を楽しんだり、考えたりし、それを生活に取り入れようとする

- 紙芝居で見たリサイクルの話がとても印象深かったようで、保育室でも「これは燃える？」などと分別を意識しながらゴミを捨てるようになった。
- 飼育動物に興味はあるが、棒でつついたりしっぽを引っ張ったりしていた。保育者が優しくモルモットの世話をするのを見ているうちに扱い方を理解し、餌を家から持ってきたり優しく食べさせたりして、大切に世話をするようになってきた。
- 園庭の草むらでバッタを捕まえ虫かごに入れて眺めていたが、そのうち図鑑で飼い方を調べ、餌や水の世話をこまめにするようになった。数週間後、死んだバッタを園庭に埋めて墓を作り、以後ずっと草や花を飾っている。

③身近な事象を見たり、考えたり、扱ったりする中で、物の性質や数量、文字などに対する感覚を豊かにする

- 2学期になり、園外散歩で拾ってきた木の実や小石、葉っぱなどを集めて友達と色分けしたり数をかぞえたりし、それを年少組との買い物ごっこに利用するなど、遊びを工夫するようになった。
- カレンダーや時計の数字、おたより帳の名前などの文字を読むことに興味を示すようになったので、保育者は数字や文字を具体的な園生活と結びつけて使うように関わってみた。3学期になって、仲間や小さい組の友達に数字を教えたり、ごっこ遊びの中で使ったりするように

なった。

- 進級当初は砂場に水を目的もなしにまいたり、水運びで洋服をぬらしてしまったりするなど、うまくコントロールできなかった。2学期になり、仲間と遊ぶようになるとバケツでバランスよく水を運んだり、スコップやシャベルをうまく使って山作りをしたりするなど、道具や物を上手に使えるようになった。

エ　言葉

①自分の気持ちを言葉で表現する楽しさを味わう

- 入園当初、トラブルが多く相手にすぐ手が出ていた。その後、園生活に慣れ、友達同士の遊び方がわかってくるに従って、相手の気持ちを理解できるようになり、言葉で気持ちを伝えられるようになった。2学期には、積極的に話すようになった。
- 幼児音が強く、周囲の子に理解されにくいため保育者に頼ることが多かった。その都度保育者が一緒に仲間への言葉かけなどをやっていくと同時に、保護者にも言葉のことを話し、家でゆっくり話すように伝えていった。その後、徐々に正しい発音で話せるようになった。
- しっかりしている反面、集団の中で萎縮してしまう傾向が2学期まで見られた。2月の生活発表会で、"はじめの言葉"を言う役割がきっかけとなり、自分なりに頑張ったことが自信につながり、少しずつ人前でも意見を述べられるようになってきた。

②人の言葉や話などをよく聞き、自分の経験したことや考えたことを話し、伝え合う喜びを味わう

- 入園当初、恥ずかしがり、あまり話そうとしなかった。保育者に慣れてくると話しかけてきたが、話の筋が通らないことが多かった。保育者が言い方を助けながら「こう言いたかったの？」と言うと、嬉しそうにうなずき、徐々に会話を楽しむようになった。

- 身の回りの支度がわからなかったりできなかったりすると、保育者のそばでぐずったりぶったりすることで困ったことを表現していたが、片言でも言葉で話しかけてきた時はしっかり受け止めていくうちに、徐々に欲求を言葉で表現できるようになってきた。
- 一人遊びが多く、友達や保育者と話すことが少なかった。3学期にクラスで『エルマーのぼうけん』に出てくる地図を作ることになると、興味をもち意欲的に関わるようになった。自分の得意なものに関わることで自信がつき、周りの友達と話せるようになった。
- 遊びや製作活動で感動することが多く、周囲の仲間や保育者を呼び止め、していることを夢中になって全身で語りかけてくることがあった。周囲の状況が汲み取れないため友達に「うるさい」とか、「じゃました」とか言われトラブルになることがあった。しかし、繰り返しの中でやりとりを経験し、伝え合う喜びを徐々に感じ始めているようだ。

> ③日常生活に必要な言葉が分かるようになるとともに、絵本や物語などに親しみ、言葉に対する感覚を豊かにし、保育士等や友達と心を通わせる

- 進級当初は、保育者の話がよくわからないようだった。そこで、個別に話したり、本人の話をよく聞いたり座る場所を前にしたりした。やがて話が通じるようになり、言葉の数も増えてきた。絵本や紙芝居が大好きで記憶力もよく、以前聞いた話を昨日のことのように話すことがあった。
- 自分の気持ちを言葉で表すことが苦手だった。仲良しの友達ができてから、その子とよく会話したり活発に遊んだりするようになった。3学期、劇ごっこで友達と一緒になって自分たちでせりふを考えたり、ふろしきで服を作ったりして、イメージをふくらませて遊んでいた。
- 進級当初はおとなしくあまり会話も活発ではなかったが、ある日、家から絵を描いて持ってきたことがきっかけで、保育者と絵や字の手紙のやりとりが始まった。その後、徐々に会話も増えると同時に、友達

とも話すようになり、現在は仲良しの友達と活発に話す姿が見られる
ようになった。

オ　表現

①いろいろなものの美しさなどに対する豊かな感性をもつ

- 人に接すると照れてふざけたり、静かに音を聞こうとすると「キャー」
  と大きな声を出したりすることが多かった。絵を描くことが好きなの
  で、じっくり関わったり認めたりしているうちに2学期後半頃から落
  ち着きを見せ、身の回りの物や感じたことに対し、素直に喜びを表現
  するようになった。

- 自分の気持ちがなかなか表現できず、周りの子どもの動きをじっと見
  ていることが多かった。誘いかけると次第に保育者の手伝いをするよ
  うになり、保育者が花瓶に花を生けるのを見て興味をもち、登園途中
  で摘んできた草花などを自らガラス瓶に生けて部屋に飾り、喜んだり
  するようになった。

- 入園当初、周りの声や大きい音にびっくりし「うるさーい」と言って、
  すぐに耳をふさいだりした。また、絵の中のかみなりにも怖がったり
  した。その後、集団に慣れると落ち着き、仲間と歌ったり楽器を楽し
  んだりするようになった。3学期の音探し遊びには特に興味をもち、
  いろいろな音を探して楽しんでいた。

②感じたことや考えたことを自分なりに表現して楽しむ

- 3歳児クラスの時は身体表現などを喜んで行っていたが、進級すると
  数人で「やりたくない」「見てる」などと傍観していた。保育者は照れ
  る気持ちは成長と思い、受け入れていった。2学期になり、ごっこ遊
  びや劇遊びになると、動きを工夫したり使う物のアイデアを出したり
  して楽しむようになった。

- 経験がないことへの不安感が強く、ひとつひとつの活動を確かめなが

ら行っていた。絵を描くことに苦手意識をもっていたが、励ましたり
ほめたりしているうちに、少しずつ自信が出てきた。3学期には、ピ
アノや折り紙、あやとりなど、指先を使う遊びに興味を示し、工夫し
て行っていた。

• 集中時間が短く興味が移りやすかったが、本人がやる気を出した時に
は認めたり受け止めたりしていったところ、3学期には安定して活動
に取り組むようになった。また、本来本人がもっている豊かな表現力
を発揮するようになり、お話作りや自由表現、ダンスなどにイメージ
豊かな広がりが見られた。

③生活の中でイメージを豊かにし、様々な表現を楽しむ

• 一人で遊びを傍観していることが多かったが、保育者を媒介に友達と
遊べるようになってきた。そこで保育者が、仲間と関われるようにごっ
こ遊びに誘ったところ、3学期には、友達と一緒にお店屋さんごっこ
で積極的に楽しんで遊ぶようになった。

• 1、2学期は造形活動への取り組みに苦手意識があり、長続きしなかっ
たが、作品を認めながら励ましていったところ、3学期になって、自
分が満足するまでじっくり腰をすえて取り組むようになった。

• 1学期、大型積み木をただたたいて遊んでいたが、何度も繰り返して
いるうちに、音の大小に気づき、打ち分けて楽しんでいた。3学期に
なると『三びきのやぎのがらがらどん』のごっこ遊びで、歩く時の音
の大小をイメージと結びつけて、楽しそうにたたいていた。

※保育要録に記入する最終年度の用語例は P.112 〜を参照。

5

〈保育に関する記録〉用語例

1 「幼児期の終わりまでに育ってほしい姿」を活用した記入とは？
　◆「幼児期の終わりまでに育ってほしい姿（10の姿）」を
　　読み取るためのチェックポイント
2 「保育の過程と子どもの育ちに関する事項」用語例
　◆「最終年度の重点」用語例
　◆「個人の重点」用語例
　◆「保育の展開と子どもの育ち」用語例
　◆「特に配慮すべき事項」用語例
3 「最終年度に至るまでの育ちに関する事項」用語例

5 〈保育に関する記録〉用語例

 「幼児期の終わりまでに育ってほしい姿」を活用した記入とは？

◆**乳幼児期から一貫して「保育」「教育」を展開していく**

　平成30年に幼稚園教育要領、保育所保育指針、幼保連携型認定こども園教育・保育要領の3法が同時に改訂、施行され、幼児期からの保育・教育の在り方について小学校との接続を重視し、その後の教育に連続性をもたせていくこととなった。

　したがって、保育所・幼稚園・小学校・中学校・高等学校・特別支援学校までの教育の在り方を全面的に見直し、連続性を重視した教育を展開していくことにより、**一人ひとりの資質と能力の育成について、乳幼児期から一貫した「保育」「教育」を、展開できるようにした。**

　今までは、5領域の心情・意欲・態度を実現するための、保育内容（経験すべき方向性）が示されていたが、今回の改訂により、子どもが経験する行為の中で、何を学び、何が育ちつつあるのかについて、次ページに示す**「資質・能力」の3つの柱**となる観点でより具体的に捉え、保育を展開していくこととなった。

　その中で、今回大きく取り上げられているのが、**「幼児期の終わりまでに育ってほしい姿（10の姿）」**である。

　まず、はじめに理解しておきたいのは、**幼児教育を行う施設として、教育の基本は、まったく変わりない**ということである。つまり、保育所保育指針の第2章で示す、**ねらい及び内容に基づく保育活動全体によって子どもの育ちを育むものである**ことを理解してほしい。ただ、この「幼児期の終わりまでに育ってほしい姿」は、どの時点でどのように捉えていけばよいのかが重要となる。

1 「幼児期の終わりまでに育ってほしい姿」を活用した記入とは？

◆「資質・能力」の３つの柱と
　「幼児期の終わりまでに育ってほしい姿（10の姿）」

　そこで、「10の姿」を捉える視点として、教育要領と保育指針、教育・保育要領で示されている「資質・能力」について理解しておく必要がある。

　「資質・能力」は、３つの柱から構成されている。**この柱は、要領と指針に基づき、保育を展開していく中で培われていくものであり、**以下のような育ちの過程を意図している。

「資質・能力」の３つの柱

1 知識及び技能の基礎

幼児を主体とする自発的な遊びや生活の中で、その時々に試行錯誤しながら多様な体験や経験を積み重ね、自然と社会のしくみや法則に気づき、小学校以降の教科につながる知識や技能を、遊びを通して獲得していく過程を意図している。

2 思考力、判断力、表現力等の基礎

自分と他者が互いに考え、イメージを共有しながら試行錯誤したり、規則性に気づいたり、自己実現に向けて、判断したり、他者との関係を心でつなぎ合いながら表現したりする過程を意図している。

3 学びに向かう力、人間性等

１と２を総合的に捉え、推し進める力強い意欲的な姿を意図している。つまり、今までの教育の中で、ずっと踏襲されてきた心の教育とされるものであり、５領域を通して総合的に育つものである。

　これら３つの柱の内容は、保育者が子どもの主体的な遊びの展開に沿わせた、計画的意図の中で織りなされていくものであり、それぞれの子どもの成長過程で見えてくる姿である。つまり、保育者の意図として活動の中にこの３つの柱を位置づけていくものではない。今までの要領と指針に位置づけられているねらいを実現させていくために、経験すべき内容を一人ひとりの活動を通して、丁寧に紡いでいく中で、結果として実現されていくものなのである。

　そのため、「幼児期の終わりまでに育ってほしい姿（10の姿）」は、

103

幼稚園教育では、家庭での教育から満3歳あるいは3歳から3年間または4年間の保育の中で培われ、また保育所や幼保連携型認定こども園では、0歳から、5年間または6年間の中で、家庭と連携しながら培われていく姿であり、その姿が明確に捉えられるようになる時期は、**5歳児10月以降**といわれている。

したがって、「幼児期の終わりまでに育ってほしい姿（10の姿）」は、本書では、5歳児後半と捉え、要録への記入事例を載せてある。

◆「10の姿」は、小学校の教師との共通理解のためのキーワード

まず、要録に記入する前に、今まで記述してきた児童票や園独自に記録してきた資料の書き方について、振り返ってみていただきたい。

一人ひとりが発達する過程で育ち持つ、安全や衛生・子どもの遊びや生活などを中心に記述している保育士が多いと思う。しかし、満3歳以上の児童に対しては、教育的要素（指針）に添って記述していく必要がある。書き慣れている記録から、ある部分を転記したり、直近の子どもの姿を記述したりするものではない。今までは、自分や同僚、保護者を意識して記述していた傾向が強いのではないかと思う。

しかし、最終年度となると、書き方を少し変える必要が出てきた。なぜなら、園内の保育者同士での理解とは異なり、小学校の教師は、現状を想像することが難しい。そのため、なるべく共通に理解できる文章で伝えていく必要がある。**小学校の教師と保育者との間で、共通化できるワードとして、「10の姿」で評価する**ことで、一人ひとりの幼児期に培われてきた力が、適切に小学校の教師に伝わることを期待している。

1 「幼児期の終わりまでに育ってほしい姿」を活用した記入とは？

　要録への記述は、5歳児の後半から顕著に見られる姿を客観的に捉え、今まで通りの5領域の心情・意欲・態度の側面で評価し、その後に、「10の姿」の内容が実現できているかを評価してみると、小学校の教師にも理解できる要録となるだろう。

　ただし、「幼児期の終わりまでに育ってほしい姿（10の姿）」は、**個別に読み取るものではなく、相互総合的に評価するもの**なので、記述する際には次ページで示した下線を引いた「10の姿」の内容を「チェックポイント」として参考にしながら書き込んでいくとよいだろう。

　また、この「幼児期の終わりまでに育ってほしい姿（10の姿）」の内容が、「○○のようになる」となっているのは、本来「資質・能力」の育ちは、0歳から18歳までに実現する課題であり、「幼児期の終わりまでに育ってほしい姿」とは、その過程で捉えることのできる姿として示している。そして、この「10の姿」の最終実現時期は、義務教育の終わり（15歳）とされている。**そのため、「○○のようになる」とは、その途中の過程であることに留意する必要がある。**

　今回の要録への記述については、本書に書かれている事例を参考に自分のクラスの子どもの育ちを整理しながら、適切な言葉で書き進めていただくことをお勧めする。

5 〈保育に関する記録〉用語例

「幼児期の終わりまでに育ってほしい姿(10の姿)」を読み取るためのチェックポイント

　ここでは、最終年度の「保育の展開と子どもの育ち」の記入に際し、簡易的なチェック観点を紹介する。

　要録への記述は、まずは5領域の側面で評価し、その後に「10の姿」の内容が実現できているかどうかを「チェックポイント」を用いて評価し、記入の参考にしていただきたい。

　ただし、前述したとおり、「幼児期の終わりまでに育ってほしい姿」は、個別に読み取るものではなく、相互総合的に評価するものであることを留意する必要がある。

> 　次に示す「幼児期の終わりまでに育ってほしい姿」は、保育所保育指針の第2章に示すねらい及び内容に基づく保育活動全体を通して資質・能力が育まれている子どもの小学校就学時の具体的な姿であり、保育士等が指導を行う際に考慮するものである。　➡ P.163

①健康な心と体

> 保育所の生活の中で、充実感をもって自分のやりたいことに向かって心と体を十分に働かせ、見通しをもって行動し、自ら健康で安全な生活をつくり出すようになる。

<チェックポイント>
□自ら体を十分に動かして遊べているか。
□自ら充実感をもって、自分のやりたいことができているか。
□自ら生活に見通しをもって取り組めているか。
□自分から安全や健康を自覚して生活できているか。

「幼児期の終わりまでに育ってほしい姿（10の姿）」を読み取るためのチェックポイント

②自立心

> 身近な環境に主体的に関わり様々な活動を楽しむ中で、しなければならないことを自覚し、自分の力で行うために考えたり、工夫したりしながら、諦めずにやり遂げることで達成感を味わい、自信をもって行動するようになる。

＜チェックポイント＞

- □ 主体的に関わり、行動することができているか。
- □ 自らの生活の中でしなければならないことが自覚できているか。
- □ 自分から考えたり、工夫したりして遊べているか。
- □ 自分の力を出し切って遊べているか。
- □ 自分から関わる行動で、諦めず、やり遂げようとしているか。
- □ 自ら主体的に関わる行動の中で達成感が味わえているか。
- □ 自発的行動の中で自信をもって取り組めているか。

③協同性

> 友達と関わる中で、互いの思いや考えなどを共有し、共通の目的の実現に向けて、考えたり、工夫したり、協力したりし、充実感をもってやり遂げるようになる。

＜チェックポイント＞

- □ 互いの思いや考えなどを共有（譲り合いながら）できているか。
- □ 友達と目的に向かって遊べているか。
- □ 友達と目的に向かって、考えたり工夫したり、協力することができているか。
- □ 自らの活動の中で充実感をもってやり遂げようとしているか。

④道徳性・規範意識の芽生え

友達と様々な体験を重ねる中で、してよいことや悪いことが分かり、自分の行動を振り返ったり、友達の気持ちに共感したりし、相手の立場に立って行動するようになる。また、きまりを守る必要性が分かり、自分の気持ちを調整し、友達と折り合いを付けながら、きまりをつくったり、守ったりするようになる。

<チェックポイント>
☐自ら主体的に様々な体験を楽しんでいるか。
☐自ら主体的に関わる中で、してよいことと悪いことが理解できているか。
☐自分のした行動を思い返すことができているか。
☐友達の気持ちに寄り添うことができているか。
☐友達と関わる中で相手の立場を考えながら行動できているか。
☐友達と関わる中できまりの大切さが理解できているか。
☐友達と折り合いがつけられるか。
☐友達と関わる中できまりを作ったり、守ったりできるか。

⑤社会生活との関わり

家族を大切にしようとする気持ちをもつとともに、地域の身近な人と触れ合う中で、人との様々な関わり方に気付き、相手の気持ちを考えて関わり、自分が役に立つ喜びを感じ、地域に親しみをもつようになる。また、保育所内外の様々な環境に関わる中で、遊びや生活に必要な情報を取り入れ、情報に基づき判断したり、情報を伝え合ったり、活用したりするなど、情報を役立てながら活動するようになるとともに、公共の施設を大切に利用するなどして、社会とのつながりなどを意識するようになる。

<チェックポイント>
☐家族と暮らす楽しさや大切さを理解できているか。

□周りの人がしてくれることに気づき、感謝の気持ちがもてているか。
□人のために自分が役立つことが喜びと感じているか。
□地域の人々に関心がもてるようになってきたか。
□遊びや生活に必要な情報を取り入れて遊べているか。
□友達と関わる中で、情報を取り入れ、判断したり活用したりすることができるか。
□戸外活動を通して公共物を大切にしているか。
□社会とのつながりが意識できているか。

⑥思考力の芽生え

> 身近な事象に積極的に関わる中で、物の性質や仕組みなどを感じ取ったり、気付いたりし、考えたり、予想したり、工夫したりするなど、多様な関わりを楽しむようになる。また、友達の様々な考えに触れる中で、自分と異なる考えがあることに気付き、自ら判断したり、考え直したりするなど、新しい考えを生み出す喜びを味わいながら、自分の考えをよりよいものにするようになる。

<チェックポイント>

□身近な事象に自ら積極的に関わっているか。
□遊びの中でものの性質やしくみを感じ取ったり、気づいたり考えたりできているか。
□遊びの中で物事を予測したり、工夫したりすることができているか。
□友達の様々な考えに触れ、いろいろな異なる考えがあることに気づけているか。
□友達と関わる中で、新たな考えやよりよい考えを取り入れ、取り組めるようになったか。

5 〈保育に関する記録〉用語例

⑦自然との関わり・生命尊重

自然に触れて感動する体験を通して、自然の変化などを感じ取り、好奇心や探究心をもって考え言葉などで表現しながら、身近な事象への関心が高まるとともに、自然への愛情や畏敬の念をもつようになる。また、身近な動植物に心を動かされる中で、生命の不思議さや尊さに気付き、身近な動植物への接し方を考え、命あるものとしていたわり、大切にする気持ちをもって関わるようになる。

＜チェックポイント＞
□自ら遊びをする中で、自然の変化に気づいているか。
□遊びや生活を通して、好奇心や探求心をもって、自然と関わることができているか。
□遊びや生活を通して、身近な事象に関心をもっているか。
□遊びを通して自然を大切にする姿が見られるか。
□身近な動植物に心動かされることがあるか。
□生命の不思議さや尊さを感じ取ることができているか。

⑧数量や図形、標識や文字などへの関心・感覚

遊びや生活の中で、数量や図形、標識や文字などに親しむ体験を重ねたり、標識や文字の役割に気付いたりし、自らの必要感に基づきこれらを活用し、興味や関心、感覚をもつようになる。

＜チェックポイント＞
□友達と関わる中で標識や文字などに興味や関心がもてるようになったか。
□遊びや生活の中で標識や文字などの役割に気づけるようになったか。
□遊びを通して文字や標識を活用してきたか。

⑨言葉による伝え合い

保育士等や友達と心を通わせる中で、絵本や物語などに親しみながら、豊かな言葉や表現を身に付け、経験したことや考えたことなどを言葉で伝えたり、相手の話を注意して聞いたりし、言葉による伝え合いを楽しむようになる。

＜チェックポイント＞

☐保育者や友達と心を通わせ、生活ができているか。
☐自ら絵本や物語に親しんでいたか。
☐友達と関わる中で豊かに言葉や表現が身に付いているか。
☐経験したことや考えたことを伝え合えるようになったか。
☐相手の話を注意して聞けているか。
☐言葉での話し合いができているか。

⑩豊かな感性と表現

心を動かす出来事などに触れ感性を働かせる中で、様々な素材の特徴や表現の仕方などに気付き、感じたことや考えたことを自分で表現したり、友達同士で表現する過程を楽しんだりし、表現する喜びを味わい、意欲をもつようになる。

＜チェックポイント＞

☐友達と関わる中で心動かされる出来事を体験できているか。
☐友達と関わる中で感性は豊かに育っているか。
☐遊びの中で様々な素材の特徴を生かして活用していたか。
☐感じたことや考えたことを表現できているか。
☐友達同士で、表現する過程を楽しむことができたか。
☐友達同士で、表現する喜びや楽しさを味わうことができたか。
☐友達同士で、表現する活動に意欲的に取り組むことができたか。

（安見克夫）

5 〈保育に関する記録〉用語例

2 「保育の過程と子どもの育ちに 関する事項」用語例

「最終年度の重点」用語例

- 自分で考えたり、友達と協力したりして、意欲的に園生活を送る。
- 自分のやりたいことに向かって、意欲的に取り組み、充実した生活を する。
- 様々な経験や活動を通して、行動力、思考力、表現力を身に付ける。
- 友達と相談したり、協力したりして、遊びや生活を作り出すことを楽 しむ。
- みんなで話し合い、考えを出し合って活動を作り出す。
- 友達と思いや考えを共有し、共通の目的に向かって考えたり、協力し たりして充実感をもってやり遂げる。
- 生活や遊びの中で見通しをもって、みんなで考えたり、工夫したりし て行動する。
- 様々なことに諦めずに挑戦し、やり遂げる体験を通して達成感を味わ い、自信をもつ。
- 異年齢との交流を通して、年下の子との関わりを深め、年長としての 自覚をもち、園生活を送る。
- 年下の子との関わりの中で、伝える相手や状況に応じて、言葉の使い 方や表現のしかたを変えるなどの配慮をする。
- 集団生活の中で、それぞれの役割を、責任をもって果たす。
- グループやクラス全体での活動に見通しや責任感をもって参加する。
- 生活の中でのきまりを作ったり、守ったりすることで友達とより楽し く過ごせることがわかる。
- いろいろな事柄に関心をもち、考えを巡らせながら主体的に生活する。

112

2 「保育の過程と子どもの育ちに関する事項」用語例

- 日々の生活に必要な習慣や態度の意味がわかり、自主性と協調性をもって行動する。
- 生活の中で感動したことを友達と共有し、互いに刺激し合い、高め合う。
- 身近な人々や身の回りの事物に積極的に関わり、感謝の気持ちや思いやりの心をもつ。
- 地域の人や他児の保護者などいろいろな人との関わり方に気づいたり、自分が役に立つ喜びを感じたりして地域の人々に親しみをもつ。
- 身近な動植物に愛着をもって関わり、命あるものとして大切に扱う。
- 遊びや生活の中で関係深い標識や文字などに関心をもちながら役割に気づいたり使ってみたりして、興味や関心を深め、感覚を磨いていく。

「個人の重点」用語例

- 同年齢、異年齢の友達と遊ぶ中で、協調性や思いやりの気持ちを身に付ける。
- 友達のペースも考えながら遊びや活動を進める。
- 友達の意見を受け入れたり、自分の意見を主張したりしながら遊ぶ。
- 友達と力を合わせてひとつの遊びを深める。
- 自分から積極的に友達と関わる。
- 自分の思いを相手に伝える大切さに気づく。
- 人前でも自信をもって発表し、自分の言動に自信をもつ。
- 様々な遊びに目を向け、興味を広げる。
- 自信をもって、いろいろな活動に意欲的に取り組む。
- 今までできなかったことにも挑戦してみようとする気持ちをもつ。
- 苦手なことや難しいことにも挑戦しようとする。
- やってよいこと、悪いことを自分で判断して行動する。
- 話を最後まで聞いてから行動する。

5 〈保育に関する記録〉用語例

- 園の飼育動物や栽培物に関心をもち、愛情をもって世話をする。
- 言葉や数などに対する関心を深め、友達と考えたり、工夫したりして遊ぶ。
- 基本的な生活習慣を理解し、どんな時にも同じように行う。
- 食べ物や調理員さんに感謝の気持ちをもち、味わって食べる。

「保育の展開と子どもの育ち」用語例

＜最終年度の初めの児童の姿＞

- 新しいクラスや担任に対する戸惑いはなく、進級初日から友達をドッジボールに誘い、中心になって遊んでいた。
- 進級当初は旧クラスの友達と遊ぶことが多かったが、新しいクラスに慣れるにつれて、新しい友達を誘って遊ぶようになった。
- 年中組からの友達が同じクラスにいたことで安心できた部分があったものの、表情は硬かった。
- 担任が替わらなかったことで、進級当初から落ち着いて生活し、活動にも積極的に取り組んでいた。
- 「年長だから頑張る！」と、当番活動に積極的に取り組む姿が見られた。
- 年長になったという自覚が育ち、生き生きと活動に取り組む一方で、緊張のため、頻尿ぎみになった時期もあった。
- 年長になって初めての活動に対しては、戸惑いがあり、心配そうにひとつひとつ確認していた。
- ルールのある集団遊びを好み、わからない友達に教えたり、ルールを守らない友達を注意したりしている姿があった。
- 年長当初から遊びに必要なきまりや約束などを考えることができ、周りにも伝えながら友達関係を広げていった。
- 年長になったという自信もあってか、したい・やりたいという気持ちが先に立ち、友達とぶつかる場面も見られた。

- 意見の対立で友達とけんかをすることもあるが、話し合おうとする姿も見られた。
- 異年齢活動では、グループの子がいないと捜しに行ったり、優しく世話をしたりする姿が見られ、年長としての自覚が感じられた。
- 年長としての自覚をもち、新入園児に優しく声をかけたり、手をつないだりして、積極的に世話をしていた。
- 入園した弟が気になり、4月当初は年少組に一緒にいたり、年少児と遊んだりしていることが多かった。
- 年長としての自覚はあるものの、年少児にはどう接してよいかわからず、戸惑っている姿が見られた。
- 年長になって、新しい歌を歌うことに喜びを感じ、歌詞もすぐに覚えて楽しく歌っていた。
- 4月はダンゴムシやテントウムシの幼虫探しに夢中で、同じ興味をもったS男と過ごすことが多かった。
- 絵や製作を好んではいたものの、友達と同じ物を作る時は気持ちが安定していたが、課題があると不安になり、取り組みに時間がかかっていた。
- 年長児対象の園外行事や園内行事などに、年長組として期待がもてるようになった。
- 文字や数に対する興味を示し、進級当初から友達や保育者に積極的に手紙を渡したり、クイズを出したりしていた。
- 園生活への慣れからか、生活習慣がいい加減になってしまうことが当初は目立っていた。
- 人なつこく、また保育者や友達との関わりの中で自分の意見がはっきり出せるので、当初から転入園を意識することなく過ごしていた。
- 仲間関係がある程度できつつあるところでの転入園だったため、当初はどうしてよいのかわからず、保育者を頼りに過ごす姿が見られた。

5 〈保育に関する記録〉用語例

ア　健康

①明るく伸び伸びと行動し、充実感を味わう

- 進級当初から年長児になったことを喜び、元気に登園してきた。身支度をすませると、何人かの友達を誘い、サッカー遊びを楽しむ姿が見られた。2学期になると遊びのルールを強要し、トラブルになることもあったが、自分たちで話し合い、解決し、充実感を味わっていた。③

- 体を動かして遊ぶことは大好きではあるが、縄跳びは苦手で毎日前跳びを練習して、やっと跳べるようになった②時には、みんなの拍手で満面の笑みであった。その後も、難しい跳び方に挑戦して2学期最後には二重跳びができるまでになった。①

- 自分の思いが通らないと大声で泣くことが年長になっても多かった。その都度保育者が本人の想いをゆっくり聞き、子ども達との仲立ちをしながら話し合いをする機会をもつことで、落ち着いてきて、泣くことも少なくなった。

②自分の体を十分に動かし、進んで運動しようとする

- 走ることが大好きで、毎日一人でも黙々と園庭のトラックを走り楽しんでいる姿があった。2学期の運動会のリレーではアンカーを務め、同じグループの友達から頼られることで、走ることだけではなく、生活にも自信がついてきた。①②

- 縄跳び、鉄棒、雲梯といろいろな遊具に挑戦して遊び、自己を十分に発揮して2学期後半には他児へ遊び方のこつを教えたりして楽しんでいた。③

- 雲梯が苦手で、やりたそうに毎日そばへ来ていたが、小さい子が挑戦している姿に「入れて」と声を自分からかけられずにいた。2学期になり、そばで補助をしていた保育者が「やってみる？」と声をかけ、補助することがきっかけとなり、自ら挑戦しに来るようになった。2学期後半にはできるようになり、小さい子たちに披露することで自信

につながった。②

- 転がしドッジボールが好きで毎日一番に園庭に出て、一人でボールを投げる練習をしながらみんなが来るのを待っている姿があった。①

③健康、安全な生活に必要な習慣や態度を身に付け、見通しをもって行動する

- 進級当初、遊びたい気持ちが強く、身の回りの始末がおろそかになり、ロッカーに畳まずに入れたりしていた。気づくように「どのようにすることが気持ちがよいのか」を本児と話し合い、思い出すように問いかけていくことで、2学期後半には年少児に教えてくれるようにまでなった。②
- 片づけが丁寧で、嫌がらずに片づけを最後までしている姿が見られた。①② 保育者がみんなの前で紹介し、ほめると本児は恥ずかしそうであったが他児たちも認め、刺激となり、一緒に片づけをする子が増えていった。
- 3歳児で入園した当初は好き嫌いが多く、小食であった。無理強いせず、様子を見ながら、少しでも食べられた時には保育者が認める言葉をかけながら、本児の意欲が出るのを待っていった。年長になると園生活にも意欲が出て、友達と体を動かして遊ぶことが多く、自然と食べる量が増えていった。①
- 手洗い、うがいを丁寧に毎回行っていて、一日も休まず登園した。①
- 避難訓練時にあわてて走り出すことが多かったため、なぜ「走ってはいけない」ことなのかを繰り返し伝えていくことで、落ち着いて動けるようになった。

イ　人間関係

①保育所の生活を楽しみ、自分の力で行動することの充実感を味わう

- 具合が悪くても休みたくないというほどで、毎日目的をもって登園してきた。友達と遊んでいる姿は楽しそうで、穏やかであり、充実感や満足感が感じられた。①③

- 園庭、室内両方の遊びを好み、みんなを優しくリードしている姿があった。③

- 同じクラスの子だけではなく、同じ遊びをしたい子と一緒になって年齢を問わずに楽しむ③ことができた。

- 一人遊びを好み、友達との関わりが少なかった。2学期に入り、虫探しをしている時、同じことに興味をもつ友達と意気投合して多様な遊びに興味を広げるようになった。③

②身近な人と親しみ、関わりを深め、工夫したり、協力したりして一緒に活動する楽しさを味わい、愛情や信頼感をもつ

- 同年齢での遊びのみでなく、年下の子の世話を進んでしている姿があり、年下の子からも好かれていた。0・1歳児の保育室で保育者の手伝いをしたり、一緒に遊んだりすることを自ら進んで行い、自信をつけていった。②

- 進級直後は、自己主張が強く譲れないところがあったが、2学期の運動会ではリレーのチーム作りを友達と一緒に考え、協力しながら進めていった。③⑥

- 正義感が強く、友達の行動への指摘を保育者に伝えることが多かった。保育者が本児の気づいたことを認めながらも相手の想いを伝えていくうち、徐々に友達の行動が受け止められるようになった。③⑥

- 自分の思いや考えが強く、相手の気持ちを受け入れられないところがあった。また、ゲームで一番になることにこだわり、泣いたり、相手に強く求めたりすることがあった。保育者はその都度関わってきたが

なかなか改善は見られなかったので、今後の指導と配慮を望む。

③社会生活における望ましい習慣や態度を身に付ける

- 進級当初、年下の組の友達の面倒を見るあまり、その子と自分との関わりを強くして、他児を寄せつけないようにしている姿があり、他児とトラブルになることが多く見られた。保育者は小さい子との関わりが、本児の依存の気持ちの表れではないかと受け止めると同時に仲介をしていくと、徐々に他児を受け入れられるようになった。④
- 担任の保育者だけではなく、いろいろな保育者に親しみ、毎朝「おはよう」の挨拶をしていた。⑤ 誰にでも親しみ、人なつっこさがあり、好感をもたれる性格である。
- 人の名前を覚えることが苦手のようで、2学期の運動会で、同じチームの友達の名前を覚えられなかった。名札を見ながら一生懸命努力して覚えている姿があり、2学期後半になり友達の名前を呼ぶ機会を意図的に保育者が増やしていくことで、覚えるようになった。②
- 進級当初のデイケアセンター訪問時には泣いてお年寄りと関われない状態であったが、保育者と一緒にお年寄りと手をつないだりして回を重ねるうちに慣れていき、後半はニコニコと笑顔で関われるようになった。⑤

ウ 環境

①身近な環境に親しみ、自然と触れ合う中で様々な事象に興味や関心をもつ

- 虫探しが好きで、園庭の花壇でテントウムシを見つけたり、カブトムシの幼虫を見つけたりして楽しんでいた。また飼育する中で、思いやる気持ちも育ってきている。⑦
- 進級後、緊張してあまり話をしなかったが、友達が夕焼けの話をしているのを聞いて「私も見た。きれいだったよ」と表現していた。身近

な事象に興味をもってきている。⑦⑩保育者が気づき、ほめると、嬉しそうな表情をし、少しずつ気持ちが打ち解けてきた。

- 園庭に氷が張ったのを見て、4歳児の時、年長児が氷を作っていたのを覚えていて、置く場所を考え、工夫して、バケツやカップを用意した。なかなか凍らないので興味をなくしていったが、日陰で凍ることに気づき、自分の考えをよりよいものにするようになった。⑥⑦

- 園庭に咲いている花に興味をもち、名前を図鑑で調べる⑦と言って、保育者と探しながら名前を名札に書き、みんなにわかるように掲示して飾るということを意欲的にいろいろとイメージをもって提案して、作り出していた。⑥

┌─────────────────────────────────────┐
│②身近な環境に自分から関わり、発見を楽しんだり、考えたりし、それ│
│　を生活に取り入れようとする│
└─────────────────────────────────────┘

- 虫が嫌いで、蚊が飛んできても叫び声を上げることがあった。お泊まり保育の時に保育者が虫と人間との共存の話をしたことに興味をもち、保育者や友達と一緒に、虫探しをして、手の上にも載せられるようになった。⑦

- 夏、園庭に落ちていた「セミの抜け殻」を集め、⑦数を数える手段として卵パックに並べて、数を表示することに意欲をもって取り組んでいた。⑧

- 夏野菜の栽培に興味をもち、草取りや芽かきなど保育者のやりかたを見て、自分もやろうとした。収穫時には張り切って野菜を採り、友達と一緒になって、トマトを切ったり、キュウリを塩もみにしたりして、みんなに振る舞っていた。⑦

- 食事当番活動の片付けの時にお皿やお茶わんをいくつまで重ねても大丈夫かと一生懸命考えていた。実際にやってみたりして試し、その結果をみんなに伝え、賛同してもらい重ねる数が決まった。⑥⑧ いろいろ考えたり、提案したりすることには意欲的な行動を取っている。

2 「保育の過程と子どもの育ちに関する事項」用語例

③身近な事象を見たり、考えたり、扱ったりする中で、物の性質や数量、文字などに対する感覚を豊かにする

- ６月頃から泥だんご作りに興味をもち、初めはたくさん作ることに興味を示し、７月頃になると固さに興味をもち、白い土を混ぜたり、置き場所を変えたりしながら楽しんでいた。⑥⑦
- 運動会で旗作りをしたところ、国旗や標識に興味を示すようになった。⑧また覚えたことをクイズにして出題し、クイズ博士と友達から認められたことで、関心が一層高まった。⑨
- 当番活動でその日に感じたことを帰りの会で知らせるお知らせを書くことになった時、今まで文字を書くことに興味を示さなかったが、「あいがもがたまごをうんでいました」のお知らせをみんなに伝えたいという気持ちになったようで、文字書きに挑戦していた。⑧⑨
- ２学期後半のお店屋さんごっこでは保護者会のバザーを体験したことで、品物だけでなく、看板や値付け札、商品の説明文などアイデアをたくさん出しながら、描いたり作ったりを率先して行っていた。⑥⑩

エ　言葉

①自分の気持ちを言葉で表現する楽しさを味わう

- 誰にでも親しみをもって日常の挨拶をする。⑤⑨
- 進級後、担任が替わったことで緊張し話さなくなったり、前の担任のところへ遊びに行ったりしていた。保育者同士で連携を取るうちに少しずつ慣れて、担任と手をつないだことで気持ちが打ち解け、話すようになり、それからは誰とでも話ができるようになった。⑨
- 自分の考えや思ったことを素直に出し、相手に伝えられるが思いが強すぎるとどんな時でも見境なく話してしまうことがある。注意するとその場では収まるがすぐに繰り返し、変化はあまり見られなかった。今後も本児が気づくような指導を期待する。
- 親しい友達とは園庭で遊んだり、室内ごっこ遊びをしたりして楽しむ

121

ことができるが、トラブルになると自分の思いが言えず黙ってしまうことがある。保育者は本児の気持ちを相手に代弁しながら、自分の考えを伝えてよいことを話していった。2学期後半から自分の考えを伝えられるようになった。⑨

②人の言葉や話などをよく聞き、自分の経験したことや考えたことを話し、伝え合う喜びを味わう

• 毎朝「おはよう」と自ら挨拶するだけではなく、友達と遊ぶ中でも「入れて」「ごめんね」「ありがとう」などの言葉を自然な形で言い、明るく楽しそうに遊んでいる姿がある。⑨
• 自分の思ったことは一方的に話すが、他の人が話している時に聞いていることができず、勘違いしたり、話が伝わらなかったりして、みんなと違う行動になってしまうことが多かった。よく聞くことの大切さを伝えていったが、今後も話が聞けるように配慮を願う。
• 保育者や友達とはよく話し、大きな声も出ているが、みんなの前に出ると緊張して話ができなかった。簡単なことから本児が話すチャンスを作り、できた時にほめたことで、少しずつ話せるようになり、発表会では劇のナレーターを一人でやり遂げた。②⑨
• 進級当初、グループでの話し合いの折に、強引に答えを決める様子が見られた。保育者が一人ひとりが意見を言えるように仲立ちしたり、友達の意見に耳を傾けるように促したりしたことで、他児と折り合いがつけられるようになった。2学期後半の発表会ではみんなの思いを聞きながら、柔軟な気持ちで接することができるようになり、みんなの話をまとめられるようになった。③⑨

③日常生活に必要な言葉がわかるようになるとともに、絵本や物語などに親しみ、言葉に対する感覚を豊かにし、保育士等や友達と心を通わせる

2 「保育の過程と子どもの育ちに関する事項」用語例

- イメージが豊かで、ごっこ遊びでは友達数人と役を決めて遊びを楽しんだり、友達とお話を作り、絵に描き文章を付けて、絵本作りも楽しんだりしていた。⑩
- 絵本が大好きで、自分で見たり、保育者に読んでもらったりするのを楽しんでいた。グループで絵本作りをすると、アイデアをたくさん出し、張り切ってやっていた。⑥⑨⑩
- 運動会のプログラム作りをきっかけに文字に興味をもつようになり、自ら参加し、保育者や友達に教えてもらいながらプログラムを書き上げ、書くことへの意欲がわいてきた。⑧
- 素話を聞いて理解することが苦手で、集中できなくなると途中でふざけたりして、場を乱すことが多々あった。物語より図鑑類を好んでいる姿があったが、ゆっくりと物語や絵本を一緒に見る機会を作ったりして興味がもてるようにしてきた。徐々にお話の世界が楽しめるようになってきた。⑨

オ　表現

①いろいろなものの美しさなどに対する豊かな感性をもつ

- 園庭の花が咲き始めると、最初に「せんせ〜○○の花が咲いたよ、きれいだね〜」と感動した気持ちを保育者に伝えに来る⑦⑩姿があった。
- 歌うことが好きで、リズムに乗り体を動かして歌っていたが、歌詞の説明をするとメロディーを聴き、内容を理解しながら歌うようになっていった。⑨⑩
- 石や棒切れ、葉っぱや木の実などを園庭で集めてきて、「カゴ貸して」ときれいに並べたり、園庭でのままごとや製作に使ったりしてイメージ豊かに遊んでいた。⑩
- 「先生きれいでしょ」と落ちている花びらを集めてきて、髪飾りにしたり、ネックレスにしたりと工夫して着けて喜び、友達や年下の子たちにも作ってあげることを喜んでしていた。④⑩

5 〈保育に関する記録〉用語例

- テラスをかけ回る姿をよく見かけていたが、雨の日にといの下に空き缶やバケツなどを置いておくと、いろいろな音がすることに気づき、⑥「雨の音がみんな違うよ」と、友達と一緒に足を止めて耳を澄ませていた。⑩

②感じたことや考えたことを自分なりに表現して楽しむ
- ザリガニ釣りでクラスの中で一番大きなザリガニが釣れたことを友達にほめられ、喜んでいた。みんなが絵に描く姿を見て、今まで絵を描くことは苦手で描きたがらなかったが、画用紙いっぱいに長時間かけてザリガニの絵を細かく描き、満足感を味わっていた。⑩
- 製作を好み、廃材を使って自分のイメージで没頭していろいろなものを作る⑩姿があった。保育者が「みんなにも作り方を教えてあげて」と言うと、得意になって友達に教えたりして共同作品として仕上げていった。③
- 音楽に親しみ、歌を歌ったり、簡単なリズム楽器を使ったりなどＣＤを自分でかけて小さい子を誘って楽しんでいた。⑤⑩
- 曲に合わせて表現することが苦手で音楽が鳴り出すとその場からいなくなることが多かった。保育者が一緒に楽しくダンスをしたり、他の子たちも誘ったりして楽しんでいる姿を見ていたので、声をかけて誘うと遠慮しながらも一緒に楽しむようになった。⑩

③生活の中でイメージを豊かにし、様々な表現を楽しむ
- 乗り物が好きでよく説明をしながら描いている。年長になってさらに観察力が深まり、細かな違いまで描写されている。説明も専門的な言葉が多く用いられる。⑥⑩
- 試行錯誤しながら、砂場で友達と一緒に川作りや山作りなどをダイナミックに何日も楽しむ姿があった。⑦⑩
- ２学期後半になって劇遊びに興味をもち、自分のイメージを動きや言

葉などで表現したり、演じて遊んだりする中で、友達を誘って一緒に楽しんでいた。⑨⑩

• 園庭や散歩の帰りなどに木の実や葉っぱだけでなく、<u>いろいろな素材</u>を拾ってきて、それらを使って友達とイメージを共有し、ひとつの物を作り上げることを何日もかけて行っていた。③⑦⑩

＜具体的な興味や関心＞

• 身近な生き物（昆虫）に興味があり、捕まえるだけでなく、生態などを図鑑を利用して調べている。知識も豊富で、愛情をもって世話をしている。

• 「お天気博士」と呼ばれており、毎日天気予報を見てから登園している。

• 木々や小動物の変化によく気づく。四季があることもわかっており、変化と結び付けて発言することもある。

• 自然現象の変化に気づき、自分なりの言葉で表現し、自然現象への興味を強くもっている。

• プラネタリウム見学後、太陽や月、星などに興味をもち、毎日のように保育者に話しにくる。

• テレビのニュースに興味をもっており、友達に話したり、ニュースごっこをしたりしている。

• 乗り物やおもちゃなどの動きやしくみを知ろうとして、よく見たり、周りの大人に聞いたりする。

• 虫めがねや磁石などの科学的な器具を扱うことが楽しいようで、毎日「実験」と言いながら、試して遊んでいる。

• 空の色や雲の動きに敏感で、想像力をふくらませている。

• 園のいろいろな行事に関心をもち、年長児としての自覚をもって参加している。

• 固い泥だんごを作るのに夢中で、作っては落として強度を試している姿が見られ、物の性質に興味があるようだ。

5 〈保育に関する記録〉用語例

- 文字に興味や関心をもち、友達と手紙のやりとりをして楽しんでいる。
- 言葉の面白さを感じたようで、言葉遊びに積極的に参加し、たくさんの言葉を集めて楽しんでいる。
- 替え歌作りが得意で、言葉のリズムや音の数を合わせた楽しい歌詞を友達にも披露して、歌って聴かせている。
- 時間や時刻に興味が出てきて、昼食の時間になると、時計と生活とを結び付けて発言している。
- 数に興味が出てきて、数字は書け、一桁の加算ができる。遊びの中で順番や回数についての発言が多い。
- 身近な標識や記号に興味があり、知らないものがあると、積極的に質問したり調べたりしている。
- 自分の手足の左右がわかり、数詞や位置関係などのクイズを好む。
- 絵を描いたり、話を作ったりすることが好きで、絵本作りに熱中している。
- 自分の作品だけでなく、友達の作品にも関心があり、好きなところや面白いところなどを話し合っている姿がよく見られる。
- 特にメロディー楽器に興味があり、好きな曲を探り弾きしている。
- 疑問に思ったことは、納得のいくまで質問する。

＜遊びの傾向＞

- 自分の目標に向かって努力し、苦手としていた活動もひとつひとつ克服しつつある。
- 勝ち負けのある遊びが好きで、いろいろな競争や競技に喜んで参加し、勝敗に一喜一憂している。
- サッカーや野球、ドッジボールなど、集団で行う遊びを好んでいる。
- ルールのはっきりした動的な遊びよりも、少人数で静かに遊ぶほうが落ち着くようだ。
- フォークダンスやわらべ歌遊びなどを好み、気の合う数人で遊ぶことが多い。
- 砂場で川を作ったり山を作ったりなど、ダイナミックな遊びを楽しむ様子が見られる。
- 仲良しの友達とは、言いたいことを伝え合いながら遊んでいるが、少し大きな集団になると一歩引いてしまい、自分の思いを抑えていることが多い。
- 模倣遊び等でリーダーになると、ひょうきんな表現でみんなを笑わせるなど、明るく楽しい雰囲気作りが得意である。
- 遊びに必要な物を考え、作り出すことができるので、日々遊びが豊かになっている。
- リズム表現が好きで、いろいろな曲をかけては、自分で振りを考えて踊っている。
- リズムに乗って、音楽を聴いたり、打楽器を打ったりして楽しんでいる。
- 音楽を全身で受け止め、手を打ったり、スキップしたり、楽器を鳴らしたりしながら、リズミカルに表現している。
- 動的な遊びは好まない。切り紙が得意で、次々と複雑で美しい模様を作り出している。そのことで周りから認められており、クラスの中での存在感は大きい。

- 大工道具を使う時、それぞれの道具の使い方をよく理解しており、作品も独創的である。
- ブロックや積み木遊びが好きで、友達とも協力し合って基地など大きな物を作っている。
- 製作活動が得意で、材料の特質を生かし、試したり工夫したりしながら遊ぶ。
- アイデアは豊富で根気強く製作に取り組むが、技術がともなわず、手助けが必要なこともある。

「特に配慮すべき事項」用語例

- 良好
- 特にない
- 気管支ぜん息（3歳5か月）
- アレルギー体質で、皮膚が乾燥しやすく、家から持参の薬を昼に塗薬する。汗をかいたりすることで、皮膚がかゆくなり、話などにも集中できなくなり、かきむしることが多い。
- 1歳6か月時に熱性けいれんを起こし、それ以後37.5度以上の発熱の時には解熱用座薬を入れるように医師より指示されていた。園では一度も使用することなく過ごしたが、風邪ぎみの時など、配慮を要する。

3 「最終年度に至るまでの育ちに関する事項」用語例

- 0歳児で入園。よくミルクを飲み、よく寝て、ニコニコとよく遊び、成長も順調だった。

- 0歳児で入園。誰にもニコニコ笑顔で、大きい子たちからもかわいがられ、よく相手をしてもらっていた。年長になっても穏やかに育ち、誰からも慕われ、信頼されている。

- 1歳5か月で入園。不安感が強く、保育士の援助が必要であったが、2歳児クラスになると新しく入園してきた同年齢の子を遊びに自分から誘って活発に遊ぶ姿が見られ、進級するにつれ、リーダー的な存在となり、誰にでも優しく接し、信頼されている。

- 1歳11か月で入園。入園当初から環境への適応が早く、保育者と一緒に園庭で遊ぶことを楽しんでいた。イメージが豊かで、遊びを楽しんでいる姿が見られる。昼食時には好き嫌いなく食べるが、飲み込んでしまうところがあり、その都度「モグモグゴックン」と保育者が一緒に食べる見本を見せていったことで、年中になる頃には意識してゆっくりと食べようとしていた。

- 2歳で入園。興味あるものには目を向け、夢中になって遊んでいたが、保育者が食事に誘っても「いやだ」と大泣きして、入室しなかった。満足するまで遊ぶ時間を設け見守っていくことにより、半年ほどすると他児が気になり始め、自ら入室してきて、食事をし始めていた。また保育者が他児と一緒に遊びに誘っていくことにより、友達に興味をもちはじめ、友達と一緒に遊ぶことを楽しむようにもなった。

- 2歳で入園し、当初は集団生活に戸惑い、保育室内を走り回る姿があった。年齢とともに、保育室内の遊具に興味が出てきて、いろいろなおもちゃで遊んだり、走ったり、飛び跳ねたりする姿が見られた。今も

目に入った遊具で遊ぶ時が多い。

- 3歳児で入園。食事にかかる時間が長く、一人になってもあわてることなく食べていて、いつまでも口の中に頬張り、飲み込めないでいた。家族一緒に食べる時間をできるだけ多くもってもらったりしたことで、徐々に食べることへの意欲が出てきた。

- 4歳児で入園するが無断で休みがちであった。母親とは連絡がつかず、父親へ電話連絡をすると、父親は休んでいることを知らないという状況が続いた。休みが続いて久しぶりに登園してくると、戸惑い、友達が遊んでいるのをじっと見ているだけで自分から「入れて」と言うことができなかった。4歳児の年には5割以上休んでいた状態だったが父親が気にかけ、当園する日が多くなり、行事の代表になったことをきっかけに、友達とよく遊ぶ姿が見られるようになった。

- 4歳児の9月に引っ越しで転園してきた。当初、前の保育所での友達が忘れられず、なかなかみんなと一緒に遊ぼうとしなかった。運動会のリレーの練習などで徐々にみんなの中に打ち解けていった。

6

子どもの捉え方と
具体的な記入のポイント

1　子どもの捉え方
2　具体的な記入のポイント

1 子どもの捉え方

　「保育の展開と子どもの育ち」欄の記入は、「ねらい（発達を捉える視点）」及び「最終年度の重点」に照らし、『次の事項について記入すること。①最終年度の１年間の保育における指導の過程及び子どもの発達の姿について、以下の事項を踏まえ記入すること。　・保育所保育指針第２章「保育の内容」に示された各領域のねらいを視点として、子どもの発達の実情から向上が著しいと思われるもの。その際、……』また、『③記入にあたっては、特に小学校における子どもの指導に生かされるよう、保育所保育指針第１章「総則」に示された「幼児期の終わりまでに育ってほしい姿」を活用して子どもに育まれている資質・能力を捉え、指導の過程と育ちつつある姿をわかりやすく記入するように留意すること。その際、……』と、通知に示されている。

　子どもを捉える時、分類的・類型的に捉えてしまい、個の育ちが見えにくい場合がある。また、他の子どもとの比較や標準・平均からだけしか捉えられなかったりして、一人ひとりの発達しようとする面やよさを見落としてしまったりすることがある。

　子ども一人ひとりの発達は、その速度や状態など、それぞれに異なるものであることを考慮し、その子にとっての個人内評価であると認識することが必要である。

　また、子どもは認められ、ほめられることを通して自信と安定を得て発達していくことに留意しつつ、保育士自身の保育観や子ども観などを検討して捉えておくこと、また、偏った見方や決めつけた捉え方をしないよう注意し、その子のどういうところが育っているのか、これから伸びようとする面はどこなのかを、前向きに、日常の保育の中で捉え続けていくことが大切である。

<日常保育の中での捉え方のポイント>

　様々な生活や活動の中で…

・一人ひとりの子どものよさ、伸びようとする面、変化したことを見つける

・一人ひとりの子どものしたいこと、やってみたいことは何かを読み取る

・一人ひとりの子どもの気持ちや思い、イメージなどを受け止める

・一人ひとりの子どもの表現しようとする姿や喜びなどを捉えるようにする

2 具体的な記入のポイント

　次ページ以下では、〈保育に関する記録〉を記入していくにあたり、どのようにまとめていくとよいかを記述の注意点とともに具体的に紹介する。

●それぞれのページで、左ページでは注意を要する、あるいは一般的に望ましくないと思われる箇所を赤字で示し、そのポイントを解説した（記入例中の番号と解説の番号を対応して参照）。右ページには、そのポイントを踏まえ、望ましいと思われる記入例を紹介している。

●同じ子どもについて、この他にも保育者によりいろいろな捉え方があると思われるが、本書でこの項目を設けたのは、実際の記入にあたり、自分自身の"子どもの捉え方"や"記述表現"について見直す参考にしてほしいという思いからである。

●〈保育に関する記録〉の記入については、具体的でわかりやすく、簡潔であることが望ましく、言葉の使い方なども注意点として取り上げているので参考にしてほしい（発達が十分でないと思われる事項の表現には、特に注意する必要がある）。

6　子どもの捉え方と具体的な記入のポイント

「保育の過程と子どもの育ちに関する事項」

保育の過程と子どもの育ちに関する事項
（最終年度の重点） 自分で考えたり、友達と協力したりして、意欲的に園生活を送る。
（個人の重点） いろいろな活動に興味をもち参加する。①

＜記入の注意点＞

① 1年間を通して個人の指導について特に重視した点を記すものなので、個人の重点を「保育の展開と子どもの育ち」の内容とリンクさせて記入するようにする。

② 具体的な興味の内容を記入する。

③ 一見すると否定的な表現にも捉えることができる。また憶測的な記入のしかたは避けたほうがよい。

④ 具体的な事象の中で子どもの変化が記入されるとさらによい。

⑤ 「様々なアイデア」を具体的に記すと、子どもの行った活動の様子が見えてきて、より具体性が増す。

⑥ "くれた" という使い方は適切ではなく、「率先して行っていた」と子ども自身の側に立ち、記入する。

⑦ 保育士がどう援助していったかも具体的に記入するとよい。

⑧ 変化の時期は具体的に記入する。

（保育の展開と子どもの育ち）

・進級当初は一人遊びを好み、友達との関わりが少なかった。2学期に入り、同じことに興味をもつ友達と意気投合して多様な遊びに興味を広げるようになった。②また友達と一緒に虫の世話をする中で、思いやりの気持ちも育ってきた。

・走ること以外に興味がないのかわからないが③、毎日一人でも黙々と園庭のトラックを走り楽しんでいる姿があった。2学期の運動会のリレーではアンカーを務めたことで、自信がついてきたようだ。④

・2学期後半のお店屋さんごっこでは保護者会のバザーを体験したことにより、品物だけでなく、様々なアイデア⑤をたくさん出しながら、描いたり作ったりを率先して行ってくれた⑥。

・トラブルになると自分の思いが言えず黙ってしまうことがあったが援助していったこと⑦で、最近では⑧自分の考えを伝えられるようになった。

2 具体的な記入のポイント

保育の過程と子どもの育ちに関する事項
（最終年度の重点） 自分で考えたり、友達と協力したりして、意欲的に園生活を送る。
（個人の重点） 自信をもって、いろいろな活動に意欲的に取り組む。

（保育の展開と子どもの育ち）
- 進級当初は一人遊びを好み、友達との関わりが少なかった。2学期に入り、虫探しをしている時、同じことに興味をもつ友達と意気投合して多様な遊びに興味を広げるようになった。また友達と一緒に虫の世話をする中で、思いやりの気持ちも育ってきた。
- 走ることが大好きで、毎日一人でも黙々と園庭のトラックを走り楽しんでいる姿があった。2学期の運動会のリレーではアンカーを務め、同じグループの友達から頼られることで、走ることだけではなく、生活にも自信がついてきた。
- 2学期後半のお店屋さんごっこでは保護者会のバザーを体験したことにより、品物だけでなく、看板や値付け札、商品の説明文などアイデアをたくさん出しながら、描いたり作ったりを率先して行っていた。
- トラブルになると自分の思いが言えず黙ってしまうことがある。保育士は本児の気持ちを相手に代弁しながら、自分の考えを伝えてよいことを話していったことで、2学期後半から自分の考えを伝えられるようになった。

6　子どもの捉え方と具体的な記入のポイント

「最終年度に至るまでの育ちに関する事項」

最終年度に至るまでの育ちに関する事項

- 入園当初①不安な気持ちが大きく、泣いて過ごすことが多かった。少し慣れてきても、休み明けなどは涙を流すことが半年ほど続いた。
- 2歳児の頃になっても園に慣れることができず、母親と離れる際泣いてしまうことがあったが、日中は安心して生活できるようになった。
- 何事においても一人でできるが心配性な面も見られ、行う前に確認したり慎重になったりする。安心してできるように丁寧な言葉かけに配慮した。
- 3歳児の頃までは一人っ子ということもあってか、② 人との関わりが苦手ということではないが、自ら友達を誘う姿はあまり見られず、保育士のそばにいることが多かった。
- 4歳児頃から自分の興味あることに夢中になり遊ぶことが増えた。③

＜記入の注意点＞

①入園時期を明確に記入するとよい。
②因果関係がはっきりしていないことは記入を控える。
③育ちが大きく伸びたことや、節目を迎えたようなことを整理して書くとよい。

2 具体的な記入のポイント

最終年度に至るまでの育ちに関する事項

- 1歳5か月で入園。不安な気持ちが大きく、泣いて過ごすことが多かった。少し慣れてきても、休み明けなどは涙を流すことが半年ほど続いた。
- 2歳児の頃になっても園に慣れることができず、母親と離れる際泣いてしまうことがあったが、日中は安心して生活できるようになった。
- 何事においても一人でできるが心配性な面も見られ、行う前に確認したり慎重になったりする。安心してできるように丁寧な言葉かけに配慮した。
- 3歳児の頃までは人との関わりが苦手ということではないが、自ら友達を誘う姿はあまり見られず、保育士のそばにいることが多かった。
- 4歳児頃から自分の興味あることに夢中になり遊ぶことが増えた。運動会では、年長児に憧れ、リレーやリズムをまねして繰り返し楽しむ様子が見られた。

7

保育要録Ｑ＆Ａ

（１）保育要録について

（２）〈入所に関する記録〉について

（３）〈保育に関する記録〉について

（４）その他

7　保育要録 Q & A

　保育要録の記入にあたって、これまでにお寄せいただいた様々な質問の中で、特に大切と思われるものを選び、Q & A 形式にして、わかりやすくまとめてみました。
※別項で詳しく紹介している場合は、ページを示しています。

（1）保育要録について

Q1

保育要録は、必ず作成しなければならないものなのでしょうか？

Ａ　保育所保育指針の改正にともない、保育所児童保育要録（「入所に関する記録」「保育に関する記録」）の送付が義務づけられました。施設長の責任のもと、担当の保育士が記入します。

（➡ P.19）

Q2

保育要録を作成する、ねらいや意図を教えてください。

Ａ　保育所から就学先となる小学校へ送る、子どもの育ちを支え、子どもの理解を助ける資料として、保育所での育ちを、それ以降の生活や学びへとつなげていくことを意図しています。
保育所の保育・教育において育まれた資質・能力を踏まえて小学校教育が円滑に行われるよう、保育所と小学校との間で「幼児期の終わりまでに育ってほしい姿」を共有するなど、小学校との連携を図ることが重要です。

（１）保育要録について

保育要録の写しを、当該児童の就学先の小学校長に送付しなければならないのでしょうか？

　児童の就学の際、保育要録の「抄本」または「写し」を就学先となる小学校の校長に送付することになっています。

（➡ P.19）

保育要録は、何年保存しなければならないのでしょうか？

　作成した保育要録の「原本」の保存期間は、当該児童が小学校を卒業するまでの期間です。

（➡ P.19）

児童が最終年度に転退園した場合、保育要録の原本はどのように処置したらよいのでしょうか？

　転・退園児の保育の記録は在園児の記録とは別に「転・退園児童綴り」を作成するなどして、とじ込み保存しておきます。その時の保存期間は、保育要録（Q4）と同じです。

7 保育要録Q&A

Q6

保育所を転園した場合には、転園時までの必要事項を記入した書類や児童票等の記録の写しを転園先の園長に送付するのでしょうか？　また、転園先が幼稚園の場合ではどうでしょうか？

A 幼稚園間の場合は学校教育法施行規則（➡ P.212）により転園した場合には、「転学先の校長に送付しなければならない」と明記されていますが、保育所については現在、そのような定めはありません。保育要録の趣旨からすると、保育の継続性や子どもの最善の利益を踏まえ、転園先から求められた場合には、子どもの状態等、転園時までの必要事項を記入した書類や児童票等の記録の写しを転園先の園長に送付できるように準備しておくとよいでしょう。「子どもの育ちを次のステージへつなげていくことは保育所の社会的責任」であるといわれていますから、保護者に転園先との保育の継続性の趣旨を説明しておくことも大切です。

転園先が幼稚園の場合でも同じく、義務ではありませんが、転園先から求められれば当事者間の責任において送付することになると思われます。

Q7

5歳児の途中で転入園の際の保育要録は、どのように作成すればよいのですか？

A 入所した時に児童票などの台帳を作成し、卒所（退所）時にこれまでの保育の保育記録を要約して保育要録を作成するのはどの児童も同じです。その際、前園に関係書類や児童票等の送付を当事者間の責任において求めてもよいでしょう。

（2）〈入所に関する記録〉について

Q8

訂正、変更の場合、認印を押す必要があるのはどんな時ですか？

A　保育要録は、施設長の責任のもとに作成する公簿ですので、実際の記入にあたっては、一般の公文書と同様な注意を払う必要があります。訂正、変更のしかたにも一定のルールがあります。記入した事項に変更が生じた場合は、その都度修正をし、前に記入した事項も読み取れるように2本線を引いて消し、訂正します。誤記で修正する場合のみ、2本線で消した部分に訂正者の認印を押して責任を明らかにしますが、住所変更など書き間違いではない場合の訂正では、2本線を引くだけで認印を押す必要はありません。

（➡ P.22）

（2）〈入所に関する記録〉について

Q9

「保育所名及び所在地」の欄で、所在地を都道府県名まで記入する必要があるのでしょうか？

　混同しやすい市町村名がありますので、住所は都道府県名から記入した方がよいでしょう。

（➡ P.30）

7

143

7　保育要録Ｑ＆Ａ

Q10

「保育所名及び所在地」の記入は、「ゴム印等を使用してもよい」となっていますが、ゴム印に〔法人名〕が入っていなければ、手書きで書き加える必要があるのでしょうか？　また、電話番号を記入する必要はあるのでしょうか？

　保育所の設置形態・類似保育所名の区別を明確にする意味でも、〔法人名〕を書き加えた方がよいと思われます。
電話番号を書く必要はありませんが、問い合わせ等の時にあれば便利なので、書いても差し支えありません。

（➡ P.30）

Q11

「担当保育士氏名」の欄で、１クラスに担任が２名いる場合は、どのように記入すればよいのでしょうか？

　正規の保育士として登録してあれば、２人の氏名を記入しますが、臨時職員の場合は、氏名を併記します。

（➡ P.31）

（3）〈保育に関する記録〉について

Q12

「最終年度の重点」「個人の重点」の欄は、どんなことを記入するのですか？

A 「最終年度の重点」は、それぞれの園の全体的な計画に基づいて設定される、最終年度における、長期の見通しとして設定した重点です。

「個人の重点」は、1年間を振り返って、子どもの指導について特に重視してきた点です。　　　　　　　　　　　　　　　　　　（➡ P.36 ～ 37）

Q13

「最終年度の重点」及び「個人の重点」の記入の時期は、いつがよいのでしょうか？

A 「最終年度の重点」はその年度の全体的な計画に基づき、年度の初めに記入します。

「個人の重点」は、特に1年間を振り返って指導上重視してきた点を学年末に記入します。　　　　　　　　　　　　　　　　　　（➡ P.36 ～ 37）

Q14

「保育の展開と子どもの育ち」の欄には、どんなことを記入すればよいのでしょうか？

　児童の発達の姿が的確に捉えられている内容がよいわけですが、具体的には、最終年度の初めの姿、1年間の発達の姿、個人の重点などが考えられます。狭いスペースを有効に活用し、発達の姿がわかる範囲内の主な事例にしぼって、記入するとよいでしょう。

ここで注意しなければならないことは、他の児童との比較や、一定の基準に対する達成度についての評定によって捉えるものではないということです。

また、「子どもの発達の実情から向上が著しいと思われるもの」（➡ P.205）とは、個々の子どもの発達過程の違いを十分に考慮した上で、年度の初めの発達の姿と比べた時に、その子どもの発達の姿に大きな変化・変容が見られた状態を、著しい発達と捉えてください。

なお、最終年度の記入にあたっては、特に小学校等における児童の指導に生かされるよう、「幼児期の終わりまでに育ってほしい姿」を活用して子どもに育まれている資質・能力を捉え、指導の過程と育ちつつある姿を全体的、総合的にわかりやすく記入します。

（➡ P.38）

Q15

「特に配慮すべき事項」の欄には、どんなことを記入すればよいのでしょう。

　子どもの健康の状況等、就学後の指導において配慮が必要なこととして、特記すべき事項がある場合に記入します。

（➡ P.40）

（4）その他

Q16

「最終年度に至るまでの育ちに関する事項」の欄には、どんなことを記入すればよいのでしょう。

A 子どもの入所時から最終年度に至るまでの育ちに関し、最終年度における保育の過程と子どもの育ちの姿を理解するうえで、特に重要と考えられることを記入します。

（➡ P.35）

（4）その他

Q17

保育要録の記入上のことですが、パソコンで記述したものをプリントアウトした保育要録の有効性はあるものでしょうか？　また、ディスク等で保存してもよいのでしょうか？

A 情報通信技術（パソコン等）を活用して保育要録を作成等する場合もあると思いますが、プライバシー保護・個人情報の漏えい等の観点から慎重な取り扱いが望まれます。なお、保育要録の取り扱いは市町村等によって異なる場合が想定されますので教育委員会等に確認することが肝要です。

（➡ P.23）

7 保育要録 Q & A

Q18

保育要録を就学先の小学校へ送付することを、保護者に伝えなければならないのでしょうか？

A 保護者に対して、個人情報を含む保育要録の趣旨及びその内容とともに、保育要録が就学先の小学校に送付されることを入所時や懇談会等を通して、周知しておくことが望ましい、とされています。

（➡ P.201）

Q19

保育要録の情報公開について

A 保育要録は、児童の氏名、生年月日等の個人情報を含むものであるため、個人情報の保護に関する法律（平成 15 年法律第 57 号）等を踏まえて適切に個人情報を取り扱うこと、とされています。

（➡ P.202）

8

付　録

- ◆ 児童福祉法（抄）
- ◆ 児童福祉施設の設備及び運営に関する基準（抄）
- ◆ 保育所保育指針
- ◆ 保育所保育指針の適用に際しての留意事項について
- ◆ 学校教育法（抄）
- ◆ 学校教育法施行規則（抄）

児童福祉法（抄）

昭和 22 年法律第 164 号

第 1 章　総則

第 1 条　全て児童は、児童の権利に関する条約の精神にのっとり、適切に養育されること、その生活を保障されること、愛され、保護されること、その心身の健やかな成長及び発達並びにその自立が図られることその他の福祉を等しく保障される権利を有する。

第 2 条　全て国民は、児童が良好な環境において生まれ、かつ、社会のあらゆる分野において、児童の年齢及び発達の程度に応じて、その意見が尊重され、その最善の利益が優先して考慮され、心身ともに健やかに育成されるよう努めなければならない。

②児童の保護者は、児童を心身ともに健やかに育成することについて第一義的責任を負う。

③国及び地方公共団体は、児童の保護者とともに、児童を心身ともに健やかに育成する責任を負う。

第 3 条　前 2 条に規定するところは、児童の福祉を保障するための原理であり、この原理は、すべて児童に関する法令の施行にあたって、常に尊重されなければならない。

第 7 節　保育士

第 18 条の 4　この法律で、保育士とは、第 18 条の 18 第 1 項の登録を受け、保育士の名称を用いて、専門的知識及び技術をもって、児童の保育及び児童の保護者に対する保育に関する指導を行うことを業とする者をいう。

児童福祉法（抄）

第2章　福祉の保障

第6節　要保護児童の保護措置等

第25条　要保護児童を発見した者は、これを市町村、都道府県の設置する福祉事務所若しくは児童相談所又は児童委員を介して市町村、都道府県の設置する福祉事務所若しくは児童相談所に通告しなければならない。ただし、罪を犯した満14歳以上の児童については、この限りでない。この場合においては、これを家庭裁判所に通告しなければならない。

②刑法の秘密漏示罪の規定その他の守秘義務に関する法律の規定は、前項の規定による通告をすることを妨げるものと解釈してはならない。

第3章　事業、養育里親及び養子縁組里親並びに施設

第39条　保育所は、保育を必要とする乳児・幼児を日々保護者の下から通わせて保育を行うことを目的とする施設（利用定員が20人以上であるものに限り、幼保連携型認定こども園を除く。）とする。

②保育所は、前項の規定にかかわらず、特に必要があるときは、保育を必要とするその他の児童を日々保護者の下から通わせて保育することができる。

第45条　都道府県は、児童福祉施設の設備及び運営について、条例で基準を定めなければならない。この場合において、その基準は、児童の身体的、精神的及び社会的な発達のために必要な生活水準を確保するものでなければならない。

②都道府県が前項の条例を定めるに当たっては、次に掲げる事項については厚生労働省令で定める基準に従い定めるものとし、その他の事項については厚生労働省令で定める基準を参酌するものとする。

1　児童福祉施設に配置する従業者及びその員数

8

151

2　児童福祉施設に係る居室及び病室の床面積その他児童福祉施設の設
　備に関する事項であって児童の健全な発達に密接に関連するものとし
　て厚生労働省令で定めるもの
3　児童福祉施設の運営に関する事項であって、保育所における保育の
　内容その他児童（助産施設にあっては、妊産婦）の適切な処遇の確保
　及び秘密の保持、妊産婦の安全の確保並びに児童の健全な発達に密接
　に関連するものとして厚生労働省令で定めるもの
③児童福祉施設の設置者は、第一項の基準を遵守しなければならない。
④児童福祉施設の設置者は、児童福祉施設の設備及び運営についての水
　準の向上を図ることに努めるものとする。

第48条の4　保育所は、当該保育所が主として利用される地域の住民に
対してその行う保育に関し情報の提供を行い、並びにその行う保育に支
障がない限りにおいて、乳児、幼児等の保育に関する相談に応じ、及び
助言を行うよう努めなければならない。
②保育所に勤務する保育士は、乳児、幼児等の保育に関する相談に応じ、
　及び助言を行うために必要な知識及び技能の修得、維持及び向上に努
　めなければならない。

児童福祉施設の設備及び運営に関する基準（抄）

昭和 23 年 12 月 29 日 厚生省令第 63 号

（保育の内容）

第 35 条　保育所における保育は、養護及び教育を一体的に行うことを
その特性とし、その内容については、厚生労働大臣が定める指針に従う。

（保護者との連絡）

第 36 条　保育所の長は、常に入所している乳幼児の保護者と密接な連
絡をとり、保育の内容等につき、その保護者の理解及び協力を得るよう
努めなければならない。

8 付録

保育所保育指針

平成 29 年 3 月 31 日　厚生労働省告示第 117 号

　児童福祉施設の設備及び運営に関する基準（昭和 23 年厚生省令第 63 号）第 35 条の規定に基づき、保育所保育指針（平成 20 年厚生労働省告示第 141 号）の全部を次のように改正し、平成 30 年 4 月 1 日から適用する。

目次
第 1 章　総則
第 2 章　保育の内容
第 3 章　健康及び安全
第 4 章　子育て支援
第 5 章　職員の資質向上

第 1 章　総　則

　この指針は、児童福祉施設の設備及び運営に関する基準（昭和 23 年厚生省令第 63 号。以下「設備運営基準」という。）第 35 条の規定に基づき、保育所における保育の内容に関する事項及びこれに関連する運営に関する事項を定めるものである。各保育所は、この指針において規定される保育の内容に係る基本原則に関する事項等を踏まえ、各保育所の実情に応じて創意工夫を図り、保育所の機能及び質の向上に努めなければならない。

1　保育所保育に関する基本原則
（1）　保育所の役割

ア　保育所は、児童福祉法（昭和 22 年法律第 164 号）第 39 条の規定に
　　基づき、保育を必要とする子どもの保育を行い、その健全な心身の発
　　達を図ることを目的とする児童福祉施設であり、入所する子どもの最
　　善の利益を考慮し、その福祉を積極的に増進することに最もふさわし
　　い生活の場でなければならない。
イ　保育所は、その目的を達成するために、保育に関する専門性を有す
　　る職員が、家庭との緊密な連携の下に、子どもの状況や発達過程を踏
　　まえ、保育所における環境を通して、養護及び教育を一体的に行うこ
　　とを特性としている。
ウ　保育所は、入所する子どもを保育するとともに、家庭や地域の様々
　　な社会資源との連携を図りながら、入所する子どもの保護者に対する
　　支援及び地域の子育て家庭に対する支援等を行う役割を担うものであ
　　る。
エ　保育所における保育士は、児童福祉法第 18 条の 4 の規定を踏まえ、
　　保育所の役割及び機能が適切に発揮されるように、倫理観に裏付けら
　　れた専門的知識、技術及び判断をもって、子どもを保育するとともに、
　　子どもの保護者に対する保育に関する指導を行うものであり、その職
　　責を遂行するための専門性の向上に絶えず努めなければならない。

（2）　保育の目標

ア　保育所は、子どもが生涯にわたる人間形成にとって極めて重要な時
　　期に、その生活時間の大半を過ごす場である。このため、保育所の保
　　育は、子どもが現在を最も良く生き、望ましい未来をつくり出す力の
　　基礎を培うために、次の目標を目指して行わなければならない。
　（ア）　十分に養護の行き届いた環境の下に、くつろいだ雰囲気の中で
　　　　子どもの様々な欲求を満たし、生命の保持及び情緒の安定を図るこ
　　　　と。
　（イ）　健康、安全など生活に必要な基本的な習慣や態度を養い、心身
　　　　の健康の基礎を培うこと。

8　付録

（ウ）　人との関わりの中で、人に対する愛情と信頼感、そして人権を
大切にする心を育てるとともに、自主、自立及び協調の態度を養い、
道徳性の芽生えを培うこと。
（エ）　生命、自然及び社会の事象についての興味や関心を育て、それ
らに対する豊かな心情や思考力の芽生えを培うこと。
（オ）　生活の中で、言葉への興味や関心を育て、話したり、聞いたり、
相手の話を理解しようとするなど、言葉の豊かさを養うこと。
（カ）　様々な体験を通して、豊かな感性や表現力を育み、創造性の芽
生えを培うこと。
イ　保育所は、入所する子どもの保護者に対し、その意向を受け止め、
子どもと保護者の安定した関係に配慮し、保育所の特性や保育士等の
専門性を生かして、その援助に当たらなければならない。

（3）　保育の方法

保育の目標を達成するために、保育士等は、次の事項に留意して保育
しなければならない。
ア　一人一人の子どもの状況や家庭及び地域社会での生活の実態を把握
するとともに、子どもが安心感と信頼感をもって活動できるよう、子
どもの主体としての思いや願いを受け止めること。
イ　子どもの生活のリズムを大切にし、健康、安全で情緒の安定した生
活ができる環境や、自己を十分に発揮できる環境を整えること。
ウ　子どもの発達について理解し、一人一人の発達過程に応じて保育す
ること。その際、子どもの個人差に十分配慮すること。
エ　子ども相互の関係づくりや互いに尊重する心を大切にし、集団にお
ける活動を効果あるものにするよう援助すること。
オ　子どもが自発的・意欲的に関われるような環境を構成し、子どもの
主体的な活動や子ども相互の関わりを大切にすること。特に、乳幼児
期にふさわしい体験が得られるように、生活や遊びを通して総合的に
保育すること。

カ　一人一人の保護者の状況やその意向を理解、受容し、それぞれの親子関係や家庭生活等に配慮しながら、様々な機会をとらえ、適切に援助すること。

（4）　保育の環境

　保育の環境には、保育士等や子どもなどの人的環境、施設や遊具などの物的環境、更には自然や社会の事象などがある。保育所は、こうした人、物、場などの環境が相互に関連し合い、子どもの生活が豊かなものとなるよう、次の事項に留意しつつ、計画的に環境を構成し、工夫して保育しなければならない。

ア　子ども自らが環境に関わり、自発的に活動し、様々な経験を積んでいくことができるよう配慮すること。

イ　子どもの活動が豊かに展開されるよう、保育所の設備や環境を整え、保育所の保健的環境や安全の確保などに努めること。

ウ　保育室は、温かな親しみとくつろぎの場となるとともに、生き生きと活動できる場となるように配慮すること。

エ　子どもが人と関わる力を育てていくため、子ども自らが周囲の子どもや大人と関わっていくことができる環境を整えること。

（5）　保育所の社会的責任

ア　保育所は、子どもの人権に十分配慮するとともに、子ども一人一人の人格を尊重して保育を行わなければならない。

イ　保育所は、地域社会との交流や連携を図り、保護者や地域社会に、当該保育所が行う保育の内容を適切に説明するよう努めなければならない。

ウ　保育所は、入所する子ども等の個人情報を適切に取り扱うとともに、保護者の苦情などに対し、その解決を図るよう努めなければならない。

2　養護に関する基本的事項

（1）　養護の理念

8　付録

　保育における養護とは、子どもの生命の保持及び情緒の安定を図るために保育士等が行う援助や関わりであり、保育所における保育は、養護及び教育を一体的に行うことをその特性とするものである。保育所における保育全体を通じて、養護に関するねらい及び内容を踏まえた保育が展開されなければならない。

（2）　養護に関わるねらい及び内容

ア　生命の保持

　（ア）　ねらい

①一人一人の子どもが、快適に生活できるようにする。

②一人一人の子どもが、健康で安全に過ごせるようにする。

③一人一人の子どもの生理的欲求が、十分に満たされるようにする。

④一人一人の子どもの健康増進が、積極的に図られるようにする。

　（イ）　内容

①一人一人の子どもの平常の健康状態や発育及び発達状態を的確に把握し、異常を感じる場合は、速やかに適切に対応する。

②家庭との連携を密にし、嘱託医等との連携を図りながら、子どもの疾病や事故防止に関する認識を深め、保健的で安全な保育環境の維持及び向上に努める。

③清潔で安全な環境を整え、適切な援助や応答的な関わりを通して子どもの生理的欲求を満たしていく。また、家庭と協力しながら、子どもの発達過程等に応じた適切な生活のリズムがつくられていくようにする。

④子どもの発達過程等に応じて、適度な運動と休息を取ることができるようにする。また、食事、排泄、衣類の着脱、身の回りを清潔にすることなどについて、子どもが意欲的に生活できるよう適切に援助する。

イ　情緒の安定

　（ア）　ねらい

①一人一人の子どもが、安定感をもって過ごせるようにする。

②一人一人の子どもが、自分の気持ちを安心して表すことができるようにする。

③一人一人の子どもが、周囲から主体として受け止められ、主体として育ち、自分を肯定する気持ちが育まれていくようにする。

④一人一人の子どもがくつろいで共に過ごし、心身の疲れが癒されるようにする。

（イ）　内容

①一人一人の子どもの置かれている状態や発達過程などを的確に把握し、子どもの欲求を適切に満たしながら、応答的な触れ合いや言葉がけを行う。

②一人一人の子どもの気持ちを受容し、共感しながら、子どもとの継続的な信頼関係を築いていく。

③保育士等との信頼関係を基盤に、一人一人の子どもが主体的に活動し、自発性や探索意欲などを高めるとともに、自分への自信をもつことができるよう成長の過程を見守り、適切に働きかける。

④一人一人の子どもの生活のリズム、発達過程、保育時間などに応じて、活動内容のバランスや調和を図りながら、適切な食事や休息が取れるようにする。

3　保育の計画及び評価

（1）　全体的な計画の作成

ア　保育所は、1の（2）に示した保育の目標を達成するために、各保育所の保育の方針や目標に基づき、子どもの発達過程を踏まえて、保育の内容が組織的・計画的に構成され、保育所の生活の全体を通して、総合的に展開されるよう、全体的な計画を作成しなければならない。

イ　全体的な計画は、子どもや家庭の状況、地域の実態、保育時間などを考慮し、子どもの育ちに関する長期的見通しをもって適切に作成さ

8　付録

れなければならない。

ウ　全体的な計画は、保育所保育の全体像を包括的に示すものとし、こ
　れに基づく指導計画、保健計画、食育計画等を通じて、各保育所が創
　意工夫して保育できるよう、作成されなければならない。

（2）　指導計画の作成

ア　保育所は、全体的な計画に基づき、具体的な保育が適切に展開され
　るよう、子どもの生活や発達を見通した長期的な指導計画と、それに
　関連しながら、より具体的な子どもの日々の生活に即した短期的な指
　導計画を作成しなければならない。

イ　指導計画の作成に当たっては、第2章及びその他の関連する章に示
　された事項のほか、子ども一人一人の発達過程や状況を十分に踏まえ
　るとともに、次の事項に留意しなければならない。

　（ア）　3歳未満児については、一人一人の子どもの生育歴、心身の発
　　達、活動の実態等に即して、個別的な計画を作成すること。

　（イ）　3歳以上児については、個の成長と、子ども相互の関係や協同
　　的な活動が促されるよう配慮すること。

　（ウ）　異年齢で構成される組やグループでの保育においては、一人一
　　人の子どもの生活や経験、発達過程などを把握し、適切な援助や環
　　境構成ができるよう配慮すること。

ウ　指導計画においては、保育所の生活における子どもの発達過程を見
　通し、生活の連続性、季節の変化などを考慮し、子どもの実態に即し
　た具体的なねらい及び内容を設定すること。また、具体的なねらいが
　達成されるよう、子どもの生活する姿や発想を大切にして適切な環境
　を構成し、子どもが主体的に活動できるようにすること。

エ　一日の生活のリズムや在園時間が異なる子どもが共に過ごすことを
　踏まえ、活動と休息、緊張感と解放感等の調和を図るよう配慮するこ
　と。

オ　午睡は生活のリズムを構成する重要な要素であり、安心して眠るこ

とのできる安全な睡眠環境を確保するとともに、在園時間が異なることや、睡眠時間は子どもの発達の状況や個人によって差があることから、一律とならないよう配慮すること

カ　長時間にわたる保育については、子どもの発達過程、生活のリズム及び心身の状態に十分配慮して、保育の内容や方法、職員の協力体制、家庭との連携などを指導計画に位置付けること。

キ　障害のある子どもの保育については、一人一人の子どもの発達過程や障害の状態を把握し、適切な環境の下で、障害のある子どもが他の子どもとの生活を通して共に成長できるよう、指導計画の中に位置付けること。また、子どもの状況に応じた保育を実施する観点から、家庭や関係機関と連携した支援のための計画を個別に作成するなど適切な対応を図ること。

（3）　指導計画の展開

指導計画に基づく保育の実施に当たっては、次の事項に留意しなければならない。

ア　施設長、保育士など、全職員による適切な役割分担と協力体制を整えること。

イ　子どもが行う具体的な活動は、生活の中で様々に変化することに留意して、子どもが望ましい方向に向かって自ら活動を展開できるよう必要な援助を行うこと。

ウ　子どもの主体的な活動を促すためには、保育士等が多様な関わりをもつことが重要であることを踏まえ、子どもの情緒の安定や発達に必要な豊かな体験が得られるよう援助すること。

エ　保育士等は、子どもの実態や子どもを取り巻く状況の変化などに即して保育の過程を記録するとともに、これらを踏まえ、指導計画に基づく保育の内容の見直しを行い、改善を図ること。

（4）　保育内容等の評価

ア　保育士等の自己評価

（ア）　保育士等は、保育の計画や保育の記録を通して、自らの保育実践を振り返り、自己評価することを通して、その専門性の向上や保育実践の改善に努めなければならない。
（イ）　保育士等による自己評価に当たっては、子どもの活動内容やその結果だけでなく、子どもの心の育ちや意欲、取り組む過程などにも十分配慮するよう留意すること。
（ウ）　保育士等は、自己評価における自らの保育実践の振り返りや職員相互の話し合い等を通じて、専門性の向上及び保育の質の向上のための課題を明確にするとともに、保育所全体の保育の内容に関する認識を深めること。
イ　保育所の自己評価
（ア）　保育所は、保育の質の向上を図るため、保育の計画の展開や保育士等の自己評価を踏まえ、当該保育所の保育の内容等について、自ら評価を行い、その結果を公表するよう努めなければならない。
（イ）　保育所が自己評価を行うに当たっては、地域の実情や保育所の実態に即して、適切に評価の観点や項目等を設定し、全職員による共通理解をもって取り組むよう留意すること。
（ウ）　設備運営基準第36条の趣旨を踏まえ、保育の内容等の評価に関し、保護者及び地域住民等の意見を聴くことが望ましいこと。
（5）　評価を踏まえた計画の改善
ア　保育所は、評価の結果を踏まえ、当該保育所の保育の内容等の改善を図ること。
イ　保育の計画に基づく保育、保育の内容の評価及びこれに基づく改善という一連の取組により、保育の質の向上が図られるよう、全職員が共通理解をもって取り組むことに留意すること。

4　幼児教育を行う施設として共有すべき事項
（1）　育みたい資質・能力

ア　保育所においては、生涯にわたる生きる力の基礎を培うため、1の
（2）に示す保育の目標を踏まえ、次に掲げる資質・能力を一体的に育
むよう努めるものとする。

（ア）　豊かな体験を通じて、感じたり、気付いたり、分かったり、で
きるようになったりする「知識及び技能の基礎」

（イ）　気付いたことや、できるようになったことなどを使い、考えた
り、試したり、工夫したり、表現したりする「思考力、判断力、表
現力等の基礎」

（ウ）　心情、意欲、態度が育つ中で、よりよい生活を営もうとする「学
びに向かう力、人間性等」

イ　アに示す資質・能力は、第2章に示すねらい及び内容に基づく保育
活動全体によって育むものである。

（2）　幼児期の終わりまでに育ってほしい姿

次に示す「幼児期の終わりまでに育ってほしい姿」は、第2章に示す
ねらい及び内容に基づく保育活動全体を通して資質・能力が育まれてい
る子どもの小学校就学時の具体的な姿であり、保育士等が指導を行う際
に考慮するものである。

ア　健康な心と体

保育所の生活の中で、充実感をもって自分のやりたいことに向かって
心と体を十分に働かせ、見通しをもって行動し、自ら健康で安全な生活
をつくり出すようになる。

イ　自立心

身近な環境に主体的に関わり様々な活動を楽しむ中で、しなければな
らないことを自覚し、自分の力で行うために考えたり、工夫したりしな
がら、諦めずにやり遂げることで達成感を味わい、自信をもって行動す
るようになる。

ウ　協同性

友達と関わる中で、互いの思いや考えなどを共有し、共通の目的の実

現に向けて、考えたり、工夫したり、協力したりし、充実感をもってやり遂げるようになる。

エ　道徳性・規範意識の芽生え

　友達と様々な体験を重ねる中で、してよいことや悪いことが分かり、自分の行動を振り返ったり、友達の気持ちに共感したりし、相手の立場に立って行動するようになる。また、きまりを守る必要性が分かり、自分の気持ちを調整し、友達と折り合いを付けながら、きまりをつくったり、守ったりするようになる。

オ　社会生活との関わり

　家族を大切にしようとする気持ちをもつとともに、地域の身近な人と触れ合う中で、人との様々な関わり方に気付き、相手の気持ちを考えて関わり、自分が役に立つ喜びを感じ、地域に親しみをもつようになる。また、保育所内外の様々な環境に関わる中で、遊びや生活に必要な情報を取り入れ、情報に基づき判断したり、情報を伝え合ったり、活用したりするなど、情報を役立てながら活動するようになるとともに、公共の施設を大切に利用するなどして、社会とのつながりなどを意識するようになる。

カ　思考力の芽生え

　身近な事象に積極的に関わる中で、物の性質や仕組みなどを感じ取ったり、気付いたりし、考えたり、予想したり、工夫したりするなど、多様な関わりを楽しむようになる。また、友達の様々な考えに触れる中で、自分と異なる考えがあることに気付き、自ら判断したり、考え直したりするなど、新しい考えを生み出す喜びを味わいながら、自分の考えをよりよいものにするようになる。

キ　自然との関わり・生命尊重

　自然に触れて感動する体験を通して、自然の変化などを感じ取り、好奇心や探究心をもって考え言葉などで表現しながら、身近な事象への関心が高まるとともに、自然への愛情や畏敬の念をもつようになる。また、

身近な動植物に心を動かされる中で、生命の不思議さや尊さに気付き、身近な動植物への接し方を考え、命あるものとしていたわり、大切にする気持ちをもって関わるようになる。

ク　数量や図形、標識や文字などへの関心・感覚

遊びや生活の中で、数量や図形、標識や文字などに親しむ体験を重ねたり、標識や文字の役割に気付いたりし、自らの必要感に基づきこれらを活用し、興味や関心、感覚をもつようになる。

ケ　言葉による伝え合い

保育士等や友達と心を通わせる中で、絵本や物語などに親しみながら、豊かな言葉や表現を身に付け、経験したことや考えたことなどを言葉で伝えたり、相手の話を注意して聞いたりし、言葉による伝え合いを楽しむようになる。

コ　豊かな感性と表現

心を動かす出来事などに触れ感性を働かせる中で、様々な素材の特徴や表現の仕方などに気付き、感じたことや考えたことを自分で表現したり、友達同士で表現する過程を楽しんだりし、表現する喜びを味わい、意欲をもつようになる。

第2章　保育の内容

この章に示す「ねらい」は、第1章の1の（2）に示された保育の目標をより具体化したものであり、子どもが保育所において、安定した生活を送り、充実した活動ができるように、保育を通じて育みたい資質・能力を、子どもの生活する姿から捉えたものである。また、「内容」は、「ねらい」を達成するために、子どもの生活やその状況に応じて保育士等が適切に行う事項と、保育士等が援助して子どもが環境に関わって経験する事項を示したものである。

保育における「養護」とは、子どもの生命の保持及び情緒の安定を図

るために保育士等が行う援助や関わりであり、「教育」とは、子どもが
健やかに成長し、その活動がより豊かに展開されるための発達の援助で
ある。本章では、保育士等が、「ねらい」及び「内容」を具体的に把握
するため、主に教育に関わる側面からの視点を示しているが、実際の保
育においては、養護と教育が一体となって展開されることに留意する必
要がある。

1　乳児保育に関わるねらい及び内容

（1）　基本的事項

ア　乳児期の発達については、視覚、聴覚などの感覚や、座る、はう、
　歩くなどの運動機能が著しく発達し、特定の大人との応答的な関わり
　を通じて、情緒的な絆が形成されるといった特徴がある。これらの発
　達の特徴を踏まえて、乳児保育は、愛情豊かに、応答的に行われるこ
　とが特に必要である。

イ　本項においては、この時期の発達の特徴を踏まえ、乳児保育の「ね
　らい」及び「内容」については、身体的発達に関する視点「健やかに
　伸び伸びと育つ」、社会的発達に関する視点「身近な人と気持ちが通じ
　合う」及び精神的発達に関する視点「身近なものと関わり感性が育つ」
　としてまとめ、示している。

ウ　本項の各視点において示す保育の内容は、第1章の2に示された養
　護における「生命の保持」及び「情緒の安定」に関わる保育の内容と、
　一体となって展開されるものであることに留意が必要である。

（2）　ねらい及び内容

ア　健やかに伸び伸びと育つ

　健康な心と体を育て、自ら健康で安全な生活をつくり出す力の基盤を
培う。

　（ア）　ねらい

　　①身体感覚が育ち、快適な環境に心地よさを感じる。

②伸び伸びと体を動かし、はう、歩くなどの運動をしようとする。

③食事、睡眠等の生活のリズムの感覚が芽生える。

（イ）　内容

①保育士等の愛情豊かな受容の下で、生理的・心理的欲求を満たし、心地よく生活をする。

②一人一人の発育に応じて、はう、立つ、歩くなど、十分に体を動かす。

③個人差に応じて授乳を行い、離乳を進めていく中で、様々な食品に少しずつ慣れ、食べることを楽しむ。

④一人一人の生活のリズムに応じて、安全な環境の下で十分に午睡をする。

⑤おむつ交換や衣服の着脱などを通じて、清潔になることの心地よさを感じる。

（ウ）　内容の取扱い

上記の取扱いに当たっては、次の事項に留意する必要がある。

①心と体の健康は、相互に密接な関連があるものであることを踏まえ、温かい触れ合いの中で、心と体の発達を促すこと。特に、寝返り、お座り、はいはい、つかまり立ち、伝い歩きなど、発育に応じて、遊びの中で体を動かす機会を十分に確保し、自ら体を動かそうとする意欲が育つようにすること。

②健康な心と体を育てるためには望ましい食習慣の形成が重要であることを踏まえ、離乳食が完了期へと徐々に移行する中で、様々な食品に慣れるようにするとともに、和やかな雰囲気の中で食べる喜びや楽しさを味わい、進んで食べようとする気持ちが育つようにすること。なお、食物アレルギーのある子どもへの対応については、嘱託医等の指示や協力の下に適切に対応すること。

イ　身近な人と気持ちが通じ合う

受容的・応答的な関わりの下で、何かを伝えようとする意欲や身近な

大人との信頼関係を育て、人と関わる力の基盤を培う。

（ア）　ねらい

①安心できる関係の下で、身近な人と共に過ごす喜びを感じる。

②体の動きや表情、発声等により、保育士等と気持ちを通わせようとする。

③身近な人と親しみ、関わりを深め、愛情や信頼感が芽生える。

（イ）　内容

①子どもからの働きかけを踏まえた、応答的な触れ合いや言葉がけによって、欲求が満たされ、安定感をもって過ごす。

②体の動きや表情、発声、喃語等を優しく受け止めてもらい、保育士等とのやり取りを楽しむ。

③生活や遊びの中で、自分の身近な人の存在に気付き、親しみの気持ちを表す。

④保育士等による語りかけや歌いかけ、発声や喃語等への応答を通じて、言葉の理解や発語の意欲が育つ。

⑤温かく、受容的な関わりを通じて、自分を肯定する気持ちが芽生える。

（ウ）　内容の取扱い

上記の取扱いに当たっては、次の事項に留意する必要がある。

①保育士等との信頼関係に支えられて生活を確立していくことが人と関わる基盤となることを考慮して、子どもの多様な感情を受け止め、温かく受容的・応答的に関わり、一人一人に応じた適切な援助を行うようにすること。

②身近な人に親しみをもって接し、自分の感情などを表し、それに相手が応答する言葉を聞くことを通して、次第に言葉が獲得されていくことを考慮して、楽しい雰囲気の中での保育士等との関わり合いを大切にし、ゆっくりと優しく話しかけるなど、積極的に言葉のやり取りを楽しむことができるようにすること。

保育所保育指針

ウ　身近なものと関わり感性が育つ

　身近な環境に興味や好奇心をもって関わり、感じたことや考えたことを表現する力の基盤を培う。

（ア）　ねらい

　①身の回りのものに親しみ、様々なものに興味や関心をもつ。

　②見る、触れる、探索するなど、身近な環境に自分から関わろうとする。

　③身体の諸感覚による認識が豊かになり、表情や手足、体の動き等で表現する。

（イ）　内容

　①身近な生活用具、玩具や絵本などが用意された中で、身の回りのものに対する興味や好奇心をもつ。

　②生活や遊びの中で様々なものに触れ、音、形、色、手触りなどに気付き、感覚の働きを豊かにする。

　③保育士等と一緒に様々な色彩や形のものや絵本などを見る。

　④玩具や身の回りのものを、つまむ、つかむ、たたく、引っ張るなど、手や指を使って遊ぶ。

　⑤保育士等のあやし遊びに機嫌よく応じたり、歌やリズムに合わせて手足や体を動かして楽しんだりする。

（ウ）　内容の取扱い

　上記の取扱いに当たっては、次の事項に留意する必要がある。

　①玩具などは、音質、形、色、大きさなど子どもの発達状態に応じて適切なものを選び、その時々の子どもの興味や関心を踏まえるなど、遊びを通して感覚の発達が促されるものとなるように工夫すること。なお、安全な環境の下で、子どもが探索意欲を満たして自由に遊べるよう、身の回りのものについては、常に十分な点検を行うこと。

　②乳児期においては、表情、発声、体の動きなどで、感情を表す

ることが多いことから、これらの表現しようとする意欲を積極的に受け止めて、子どもが様々な活動を楽しむことを通して表現が豊かになるようにすること。

（3）　保育の実施に関わる配慮事項

ア　乳児は疾病への抵抗力が弱く、心身の機能の未熟さに伴う疾病の発生が多いことから、一人一人の発育及び発達状態や健康状態についての適切な判断に基づく保健的な対応を行うこと。

イ　一人一人の子どもの生育歴の違いに留意しつつ、欲求を適切に満たし、特定の保育士が応答的に関わるように努めること。

ウ　乳児保育に関わる職員間の連携や嘱託医との連携を図り、第３章に示す事項を踏まえ、適切に対応すること。栄養士及び看護師等が配置されている場合は、その専門性を生かした対応を図ること。

エ　保護者との信頼関係を築きながら保育を進めるとともに、保護者からの相談に応じ、保護者への支援に努めていくこと。

オ　担当の保育士が替わる場合には、子どものそれまでの生育歴や発達過程に留意し、職員間で協力して対応すること。

2　1歳以上3歳未満児の保育に関わるねらい及び内容

（1）　基本的事項

ア　この時期においては、歩き始めから、歩く、走る、跳ぶなどへと、基本的な運動機能が次第に発達し、排泄の自立のための身体的機能も整うようになる。つまむ、めくるなどの指先の機能も発達し、食事、衣類の着脱なども、保育士等の援助の下で自分で行うようになる。発声も明瞭になり、語彙も増加し、自分の意思や欲求を言葉で表出できるようになる。このように自分でできることが増えてくる時期であることから、保育士等は、子どもの生活の安定を図りながら、自分でしようとする気持ちを尊重し、温かく見守るとともに、愛情豊かに、応答的に関わることが必要である。

イ　本項においては、この時期の発達の特徴を踏まえ、保育の「ねらい」及び「内容」について、心身の健康に関する領域「健康」、人との関わりに関する領域「人間関係」、身近な環境との関わりに関する領域「環境」、言葉の獲得に関する領域「言葉」及び感性と表現に関する領域「表現」としてまとめ、示している。

ウ　本項の各領域において示す保育の内容は、第1章の2に示された養護における「生命の保持」及び「情緒の安定」に関わる保育の内容と、一体となって展開されるものであることに留意が必要である。

（2）　ねらい及び内容

ア　健康

健康な心と体を育て、自ら健康で安全な生活をつくり出す力を養う。

（ア）　ねらい

①明るく伸び伸びと生活し、自分から体を動かすことを楽しむ。

②自分の体を十分に動かし、様々な動きをしようとする。

③健康、安全な生活に必要な習慣に気付き、自分でしてみようとする気持ちが育つ。

（イ）　内容

①保育士等の愛情豊かな受容の下で、安定感をもって生活をする。

②食事や午睡、遊びと休息など、保育所における生活のリズムが形成される。

③走る、跳ぶ、登る、押す、引っ張るなど全身を使う遊びを楽しむ。

④様々な食品や調理形態に慣れ、ゆったりとした雰囲気の中で食事や間食を楽しむ。

⑤身の回りを清潔に保つ心地よさを感じ、その習慣が少しずつ身に付く。

⑥保育士等の助けを借りながら、衣類の着脱を自分でしようとする。

⑦便器での排泄に慣れ、自分で排泄ができるようになる。

（ウ）　内容の取扱い

上記の取扱いに当たっては、次の事項に留意する必要がある。

①心と体の健康は、相互に密接な関連があるものであることを踏まえ、子どもの気持ちに配慮した温かい触れ合いの中で、心と体の発達を促すこと。特に、一人一人の発育に応じて、体を動かす機会を十分に確保し、自ら体を動かそうとする意欲が育つようにすること。

②健康な心と体を育てるためには望ましい食習慣の形成が重要であることを踏まえ、ゆったりとした雰囲気の中で食べる喜びや楽しさを味わい、進んで食べようとする気持ちが育つようにすること。なお、食物アレルギーのある子どもへの対応については、嘱託医等の指示や協力の下に適切に対応すること。

③排泄の習慣については、一人一人の排尿間隔等を踏まえ、おむつが汚れていないときに便器に座らせるなどにより、少しずつ慣れさせるようにすること。

④食事、排泄、睡眠、衣類の着脱、身の回りを清潔にすることなど、生活に必要な基本的な習慣については、一人一人の状態に応じ、落ち着いた雰囲気の中で行うようにし、子どもが自分でしようとする気持ちを尊重すること。また、基本的な生活習慣の形成に当たっては、家庭での生活経験に配慮し、家庭との適切な連携の下で行うようにすること。

イ　人間関係

　他の人々と親しみ、支え合って生活するために、自立心を育て、人と関わる力を養う。

（ア）　ねらい

①保育所での生活を楽しみ、身近な人と関わる心地よさを感じる。

②周囲の子ども等への興味や関心が高まり、関わりをもとうとする。

③保育所の生活の仕方に慣れ、きまりの大切さに気付く。

（イ）　内容

①保育士等や周囲の子ども等との安定した関係の中で、共に過ごす心地よさを感じる。

②保育士等の受容的・応答的な関わりの中で、欲求を適切に満たし、安定感をもって過ごす。

③身の回りに様々な人がいることに気付き、徐々に他の子どもと関わりをもって遊ぶ。

④保育士等の仲立ちにより、他の子どもとの関わり方を少しずつ身につける。

⑤保育所の生活の仕方に慣れ、きまりがあることや、その大切さに気付く。

⑥生活や遊びの中で、年長児や保育士等の真似をしたり、ごっこ遊びを楽しんだりする。

（ウ）　内容の取扱い

　　上記の取扱いに当たっては、次の事項に留意する必要がある。

①保育士等との信頼関係に支えられて生活を確立するとともに、自分で何かをしようとする気持ちが旺盛になる時期であることに鑑み、そのような子どもの気持ちを尊重し、温かく見守るとともに、愛情豊かに、応答的に関わり、適切な援助を行うようにすること。

②思い通りにいかない場合等の子どもの不安定な感情の表出については、保育士等が受容的に受け止めるとともに、そうした気持ちから立ち直る経験や感情をコントロールすることへの気付き等につなげていけるように援助すること。

③この時期は自己と他者との違いの認識がまだ十分ではないことから、子どもの自我の育ちを見守るとともに、保育士等が仲立ちとなって、自分の気持ちを相手に伝えることや相手の気持ちに気付くことの大切さなど、友達の気持ちや友達との関わり方を丁寧に伝えていくこと。

ウ　環境

　　周囲の様々な環境に好奇心や探究心をもって関わり、それらを生活に取り入れていこうとする力を養う。

（ア）　ねらい

①身近な環境に親しみ、触れ合う中で、様々なものに興味や関心をもつ。

②様々なものに関わる中で、発見を楽しんだり、考えたりしようとする。

③見る、聞く、触るなどの経験を通して、感覚の働きを豊かにする。

（イ）　内容

①安全で活動しやすい環境での探索活動等を通して、見る、聞く、触れる、嗅ぐ、味わうなどの感覚の働きを豊かにする。

②玩具、絵本、遊具などに興味をもち、それらを使った遊びを楽しむ。

③身の回りの物に触れる中で、形、色、大きさ、量などの物の性質や仕組みに気付く。

④自分の物と人の物の区別や、場所的感覚など、環境を捉える感覚が育つ。

⑤身近な生き物に気付き、親しみをもつ。

⑥近隣の生活や季節の行事などに興味や関心をもつ。

（ウ）　内容の取扱い

　上記の取扱いに当たっては、次の事項に留意する必要がある。

①玩具などは、音質、形、色、大きさなど子どもの発達状態に応じて適切なものを選び、遊びを通して感覚の発達が促されるように工夫すること。

②身近な生き物との関わりについては、子どもが命を感じ、生命の尊さに気付く経験へとつながるものであることから、そうした気付きを促すような関わりとなるようにすること。

③地域の生活や季節の行事などに触れる際には、社会とのつながりや地域社会の文化への気付きにつながるものとなることが望ましいこと。その際、保育所内外の行事や地域の人々との触れ合いなどを通して行うこと等も考慮すること。

エ　言葉

　経験したことや考えたことなどを自分なりの言葉で表現し、相手の話す言葉を聞こうとする意欲や態度を育て、言葉に対する感覚や言葉で表

保育所保育指針

現する力を養う。

（ア）　ねらい

①言葉遊びや言葉で表現する楽しさを感じる。

②人の言葉や話などを聞き、自分でも思ったことを伝えようとする。

③絵本や物語等に親しむとともに、言葉のやり取りを通じて身近な人と気持ちを通わせる。

（イ）　内容

①保育士等の応答的な関わりや話しかけにより、自ら言葉を使おうとする。

②生活に必要な簡単な言葉に気付き、聞き分ける。

③親しみをもって日常の挨拶に応じる。

④絵本や紙芝居を楽しみ、簡単な言葉を繰り返したり、模倣をしたりして遊ぶ。

⑤保育士等とごっこ遊びをする中で、言葉のやり取りを楽しむ。

⑥保育士等を仲立ちとして、生活や遊びの中で友達との言葉のやり取りを楽しむ。

⑦保育士等や友達の言葉や話に興味や関心をもって、聞いたり、話したりする。

（ウ）　内容の取扱い

　上記の取扱いに当たっては、次の事項に留意する必要がある。

①身近な人に親しみをもって接し、自分の感情などを伝え、それに相手が応答し、その言葉を聞くことを通して、次第に言葉が獲得されていくものであることを考慮して、楽しい雰囲気の中で保育士等との言葉のやり取りができるようにすること。

②子どもが自分の思いを言葉で伝えるとともに、他の子どもの話などを聞くことを通して、次第に話を理解し、言葉による伝え合いができるようになるよう、気持ちや経験等の言語化を行うことを援助するなど、子ども同士の関わりの仲立ちを行うようにすること。

8

175

③この時期は、片言から、二語文、ごっこ遊びでのやり取りができる程度へと、大きく言葉の習得が進む時期であることから、それぞれの子どもの発達の状況に応じて、遊びや関わりの工夫など、保育の内容を適切に展開することが必要であること。

オ　表現

感じたことや考えたことを自分なりに表現することを通して、豊かな感性や表現する力を養い、創造性を豊かにする。

（ア）　ねらい

①身体の諸感覚の経験を豊かにし、様々な感覚を味わう。

②感じたことや考えたことなどを自分なりに表現しようとする。

③生活や遊びの様々な体験を通して、イメージや感性が豊かになる。

（イ）　内容

①水、砂、土、紙、粘土など様々な素材に触れて楽しむ。

②音楽、リズムやそれに合わせた体の動きを楽しむ。

③生活の中で様々な音、形、色、手触り、動き、味、香りなどに気付いたり、感じたりして楽しむ。

④歌を歌ったり、簡単な手遊びや全身を使う遊びを楽しんだりする。

⑤保育士等からの話や、生活や遊びの中での出来事を通して、イメージを豊かにする。

⑥生活や遊びの中で、興味のあることや経験したことなどを自分なりに表現する。

（ウ）　内容の取扱い

上記の取扱いに当たっては、次の事項に留意する必要がある。

①子どもの表現は、遊びや生活の様々な場面で表出されているものであることから、それらを積極的に受け止め、様々な表現の仕方や感性を豊かにする経験となるようにすること。

②子どもが試行錯誤しながら様々な表現を楽しむことや、自分の力でやり遂げる充実感などに気付くよう、温かく見守るとともに、適切に援

助を行うようにすること。

③様々な感情の表現等を通じて、子どもが自分の感情や気持ちに気付くようになる時期であることに鑑み、受容的な関わりの中で自信をもって表現をすることや、諦めずに続けた後の達成感等を感じられるような経験が蓄積されるようにすること。

④身近な自然や身の回りの事物に関わる中で、発見や心が動く経験が得られるよう、諸感覚を働かせることを楽しむ遊びや素材を用意するなど保育の環境を整えること。

（３）　保育の実施に関わる配慮事項

ア　特に感染症にかかりやすい時期であるので、体の状態、機嫌、食欲などの日常の状態の観察を十分に行うとともに、適切な判断に基づく保健的な対応を心がけること。

イ　探索活動が十分できるように、事故防止に努めながら活動しやすい環境を整え、全身を使う遊びなど様々な遊びを取り入れること。

ウ　自我が形成され、子どもが自分の感情や気持ちに気付くようになる重要な時期であることに鑑み、情緒の安定を図りながら、子どもの自発的な活動を尊重するとともに促していくこと。

エ　担当の保育士が替わる場合には、子どものそれまでの経験や発達過程に留意し、職員間で協力して対応すること。

3　3歳以上児の保育に関するねらい及び内容

（１）　基本的事項

ア　この時期においては、運動機能の発達により、基本的な動作が一通りできるようになるとともに、基本的な生活習慣もほぼ自立できるようになる。理解する語彙数が急激に増加し、知的興味や関心も高まってくる。仲間と遊び、仲間の中の一人という自覚が生じ、集団的な遊びや協同的な活動も見られるようになる。これらの発達の特徴を踏まえて、この時期の保育においては、個の成長と集団としての活動の充

8　付録

実が図られるようにしなければならない。

イ　本項においては、この時期の発達の特徴を踏まえ、保育の「ねらい」及び「内容」について、心身の健康に関する領域「健康」、人との関わりに関する領域「人間関係」、身近な環境との関わりに関する領域「環境」、言葉の獲得に関する領域「言葉」及び感性と表現に関する領域「表現」としてまとめ、示している。

ウ　本項の各領域において示す保育の内容は、第1章の2に示された養護における「生命の保持」及び「情緒の安定」に関わる保育の内容と、一体となって展開されるものであることに留意が必要である。

（2）　ねらい及び内容

ア　健康

健康な心と体を育て、自ら健康で安全な生活をつくり出す力を養う。

（ア）　ねらい

①明るく伸び伸びと行動し、充実感を味わう。

②自分の体を十分に動かし、進んで運動しようとする。

③健康、安全な生活に必要な習慣や態度を身に付け、見通しをもって行動する。

（イ）　内容

①保育士等や友達と触れ合い、安定感をもって行動する。

②いろいろな遊びの中で十分に体を動かす。

③進んで戸外で遊ぶ。

④様々な活動に親しみ、楽しんで取り組む。

⑤保育士等や友達と食べることを楽しみ、食べ物への興味や関心をもつ。

⑥健康な生活のリズムを身に付ける。

⑦身の回りを清潔にし、衣服の着脱、食事、排泄などの生活に必要な活動を自分でする。

⑧保育所における生活の仕方を知り、自分たちで生活の場を整えながら見通しをもって行動する。

178

保育所保育指針

⑨自分の健康に関心をもち、病気の予防などに必要な活動を進んで行う。

⑩危険な場所、危険な遊び方、災害時などの行動の仕方が分かり、安全に気を付けて行動する。

（ウ）　内容の取扱い

上記の取扱いに当たっては、次の事項に留意する必要がある。

①心と体の健康は、相互に密接な関連があるものであることを踏まえ、子どもが保育士等や他の子どもとの温かい触れ合いの中で自己の存在感や充実感を味わうことなどを基盤として、しなやかな心と体の発達を促すこと。特に、十分に体を動かす気持ちよさを体験し、自ら体を動かそうとする意欲が育つようにすること。

②様々な遊びの中で、子どもが興味や関心、能力に応じて全身を使って活動することにより、体を動かす楽しさを味わい、自分の体を大切にしようとする気持ちが育つようにすること。その際、多様な動きを経験する中で、体の動きを調整するようにすること。

③自然の中で伸び伸びと体を動かして遊ぶことにより、体の諸機能の発達が促されることに留意し、子どもの興味や関心が戸外にも向くようにすること。その際、子どもの動線に配慮した園庭や遊具の配置などを工夫すること。

④健康な心と体を育てるためには食育を通じた望ましい食習慣の形成が大切であることを踏まえ、子どもの食生活の実情に配慮し、和やかな雰囲気の中で保育士等や他の子どもと食べる喜びや楽しさを味わったり、様々な食べ物への興味や関心をもったりするなどし、食の大切さに気付き、進んで食べようとする気持ちが育つようにすること。

⑤基本的な生活習慣の形成に当たっては、家庭での生活経験に配慮し、子どもの自立心を育て、子どもが他の子どもと関わりながら主体的な活動を展開する中で、生活に必要な習慣を身に付け、次第に見通しをもって行動できるようにすること。

⑥安全に関する指導に当たっては、情緒の安定を図り、遊びを通して安

179

全についての構えを身に付け、危険な場所や事物などが分かり、安全についての理解を深めるようにすること。また、交通安全の習慣を身に付けるようにするとともに、避難訓練などを通して、災害などの緊急時に適切な行動がとれるようにすること。

イ　人間関係

他の人々と親しみ、支え合って生活するために、自立心を育て、人と関わる力を養う。

（ア）　ねらい

①保育所の生活を楽しみ、自分の力で行動することの充実感を味わう。

②身近な人と親しみ、関わりを深め、工夫したり、協力したりして一緒に活動する楽しさを味わい、愛情や信頼感をもつ。

③社会生活における望ましい習慣や態度を身に付ける。

（イ）　内容

①保育士等や友達と共に過ごすことの喜びを味わう。

②自分で考え、自分で行動する。

③自分でできることは自分でする。

④いろいろな遊びを楽しみながら物事をやり遂げようとする気持ちをもつ。

⑤友達と積極的に関わりながら喜びや悲しみを共感し合う。

⑥自分の思ったことを相手に伝え、相手の思っていることに気付く。

⑦友達のよさに気付き、一緒に活動する楽しさを味わう。

⑧友達と楽しく活動する中で、共通の目的を見いだし、工夫したり、協力したりなどする。

⑨よいことや悪いことがあることに気付き、考えながら行動する。

⑩友達との関わりを深め、思いやりをもつ。

⑪友達と楽しく生活する中できまりの大切さに気付き、守ろうとする。

⑫共同の遊具や用具を大切にし、皆で使う。

⑬高齢者をはじめ地域の人々などの自分の生活に関係の深いいろいろな

人に親しみをもつ。

（ウ）　内容の取扱い

　上記の取扱いに当たっては、次の事項に留意する必要がある。

①保育士等との信頼関係に支えられて自分自身の生活を確立していくことが人と関わる基盤となることを考慮し、子どもが自ら周囲に働き掛けることにより多様な感情を体験し、試行錯誤しながら諦めずにやり遂げることの達成感や、前向きな見通しをもって自分の力で行うことの充実感を味わうことができるよう、子どもの行動を見守りながら適切な援助を行うようにすること。

②一人一人を生かした集団を形成しながら人と関わる力を育てていくようにすること。その際、集団の生活の中で、子どもが自己を発揮し、保育士等や他の子どもに認められる体験をし、自分のよさや特徴に気付き、自信をもって行動できるようにすること。

③子どもが互いに関わりを深め、協同して遊ぶようになるため、自ら行動する力を育てるとともに、他の子どもと試行錯誤しながら活動を展開する楽しさや共通の目的が実現する喜びを味わうことができるようにすること。

④道徳性の芽生えを培うに当たっては、基本的な生活習慣の形成を図るとともに、子どもが他の子どもとの関わりの中で他人の存在に気付き、相手を尊重する気持ちをもって行動できるようにし、また、自然や身近な動植物に親しむことなどを通して豊かな心情が育つようにすること。特に、人に対する信頼感や思いやりの気持ちは、葛藤やつまずきをも体験し、それらを乗り越えることにより次第に芽生えてくることに配慮すること。

⑤集団の生活を通して、子どもが人との関わりを深め、規範意識の芽生えが培われることを考慮し、子どもが保育士等との信頼関係に支えられて自己を発揮する中で、互いに思いを主張し、折り合いを付ける体験をし、きまりの必要性などに気付き、自分の気持ちを調整する力が

育つようにすること。

⑥高齢者をはじめ地域の人々などの自分の生活に関係の深いいろいろな人と触れ合い、自分の感情や意志を表現しながら共に楽しみ、共感し合う体験を通して、これらの人々などに親しみをもち、人と関わることの楽しさや人の役に立つ喜びを味わうことができるようにすること。また、生活を通して親や祖父母などの家族の愛情に気付き、家族を大切にしようとする気持ちが育つようにすること。

ウ　環境

周囲の様々な環境に好奇心や探究心をもって関わり、それらを生活に取り入れていこうとする力を養う。

（ア）　ねらい

①身近な環境に親しみ、自然と触れ合う中で様々な事象に興味や関心をもつ。

②身近な環境に自分から関わり、発見を楽しんだり、考えたりし、それを生活に取り入れようとする。

③身近な事象を見たり、考えたり、扱ったりする中で、物の性質や数量、文字などに対する感覚を豊かにする。

（イ）　内容

①自然に触れて生活し、その大きさ、美しさ、不思議さなどに気付く。

②生活の中で、様々な物に触れ、その性質や仕組みに興味や関心をもつ。

③季節により自然や人間の生活に変化のあることに気付く。

④自然などの身近な事象に関心をもち、取り入れて遊ぶ。

⑤身近な動植物に親しみをもって接し、生命の尊さに気付き、いたわったり、大切にしたりする。

⑥日常生活の中で、我が国や地域社会における様々な文化や伝統に親しむ。

⑦身近な物を大切にする。

⑧身近な物や遊具に興味をもって関わり、自分なりに比べたり、関連付

けたりしながら考えたり、試したりして工夫して遊ぶ。

⑨日常生活の中で数量や図形などに関心をもつ。

⑩日常生活の中で簡単な標識や文字などに関心をもつ。

⑪生活に関係の深い情報や施設などに興味や関心をもつ。

⑫保育所内外の行事において国旗に親しむ。

（ウ）　内容の取扱い

　上記の取扱いに当たっては、次の事項に留意する必要がある。

①子どもが、遊びの中で周囲の環境と関わり、次第に周囲の世界に好奇心を抱き、その意味や操作の仕方に関心をもち、物事の法則性に気付き、自分なりに考えることができるようになる過程を大切にすること。また、他の子どもの考えなどに触れて新しい考えを生み出す喜びや楽しさを味わい、自分の考えをよりよいものにしようとする気持ちが育つようにすること。

②幼児期において自然のもつ意味は大きく、自然の大きさ、美しさ、不思議さなどに直接触れる体験を通して、子どもの心が安らぎ、豊かな感情、好奇心、思考力、表現力の基礎が培われることを踏まえ、子どもが自然との関わりを深めることができるよう工夫すること。

③身近な事象や動植物に対する感動を伝え合い、共感し合うことなどを通して自分から関わろうとする意欲を育てるとともに、様々な関わり方を通してそれらに対する親しみや畏敬の念、生命を大切にする気持ち、公共心、探究心などが養われるようにすること。

④文化や伝統に親しむ際には、正月や節句など我が国の伝統的な行事、国歌、唱歌、わらべうたや我が国の伝統的な遊びに親しんだり、異なる文化に触れる活動に親しんだりすることを通じて、社会とのつながりの意識や国際理解の意識の芽生えなどが養われるようにすること。

⑤数量や文字などに関しては、日常生活の中で子ども自身の必要感に基づく体験を大切にし、数量や文字などに関する興味や関心、感覚が養われるようにすること。

8　付録

エ　言葉

　経験したことや考えたことなどを自分なりの言葉で表現し、相手の話す言葉を聞こうとする意欲や態度を育て、言葉に対する感覚や言葉で表現する力を養う。

（ア）　ねらい

①自分の気持ちを言葉で表現する楽しさを味わう。

②人の言葉や話などをよく聞き、自分の経験したことや考えたことを話し、伝え合う喜びを味わう。

③日常生活に必要な言葉が分かるようになるとともに、絵本や物語などに親しみ、言葉に対する感覚を豊かにし、保育士等や友達と心を通わせる。

（イ）　内容

①保育士等や友達の言葉や話に興味や関心をもち、親しみをもって聞いたり、話したりする。

②したり、見たり、聞いたり、感じたり、考えたりなどしたことを自分なりに言葉で表現する。

③したいこと、してほしいことを言葉で表現したり、分からないことを尋ねたりする。

④人の話を注意して聞き、相手に分かるように話す。

⑤生活の中で必要な言葉が分かり、使う。

⑥親しみをもって日常の挨拶をする。

⑦生活の中で言葉の楽しさや美しさに気付く。

⑧いろいろな体験を通じてイメージや言葉を豊かにする。

⑨絵本や物語などに親しみ、興味をもって聞き、想像をする楽しさを味わう。

⑩日常生活の中で、文字などで伝える楽しさを味わう。

（ウ）　内容の取扱い

　上記の取扱いに当たっては、次の事項に留意する必要がある。

184

①言葉は、身近な人に親しみをもって接し、自分の感情や意志などを伝え、それに相手が応答し、その言葉を聞くことを通して次第に獲得されていくものであることを考慮して、子どもが保育士等や他の子どもと関わることにより心を動かされるような体験をし、言葉を交わす喜びを味わえるようにすること。

②子どもが自分の思いを言葉で伝えるとともに、保育士等や他の子どもなどの話を興味をもって注意して聞くことを通して次第に話を理解するようになっていき、言葉による伝え合いができるようにすること。

③絵本や物語などで、その内容と自分の経験とを結び付けたり、想像を巡らせたりするなど、楽しみを十分に味わうことによって、次第に豊かなイメージをもち、言葉に対する感覚が養われるようにすること。

④子どもが生活の中で、言葉の響きやリズム、新しい言葉や表現などに触れ、これらを使う楽しさを味わえるようにすること。その際、絵本や物語に親しんだり、言葉遊びなどをしたりすることを通して、言葉が豊かになるようにすること。

⑤子どもが日常生活の中で、文字などを使いながら思ったことや考えたことを伝える喜びや楽しさを味わい、文字に対する興味や関心をもつようにすること。

オ　表現

　感じたことや考えたことを自分なりに表現することを通して、豊かな感性や表現する力を養い、創造性を豊かにする。

（ア）ねらい

①いろいろなものの美しさなどに対する豊かな感性をもつ。

②感じたことや考えたことを自分なりに表現して楽しむ。

③生活の中でイメージを豊かにし、様々な表現を楽しむ。

（イ）　内容

①生活の中で様々な音、形、色、手触り、動きなどに気付いたり、感じたりするなどして楽しむ。

②生活の中で美しいものや心を動かす出来事に触れ、イメージを豊かにする。

③様々な出来事の中で、感動したことを伝え合う楽しさを味わう。

④感じたこと、考えたことなどを音や動きなどで表現したり、自由にかいたり、つくったりなどする。

⑤いろいろな素材に親しみ、工夫して遊ぶ。

⑥音楽に親しみ、歌を歌ったり、簡単なリズム楽器を使ったりなどする楽しさを味わう。

⑦かいたり、つくったりすることを楽しみ、遊びに使ったり、飾ったりなどする。

⑧自分のイメージを動きや言葉などで表現したり、演じて遊んだりするなどの楽しさを味わう。

（ウ）　内容の取扱い

　上記の取扱いに当たっては、次の事項に留意する必要がある。

①豊かな感性は、身近な環境と十分に関わる中で美しいもの、優れたもの、心を動かす出来事などに出会い、そこから得た感動を他の子どもや保育士等と共有し、様々に表現することなどを通して養われるようにすること。その際、風の音や雨の音、身近にある草や花の形や色など自然の中にある音、形、色などに気付くようにすること。

②子どもの自己表現は素朴な形で行われることが多いので、保育士等はそのような表現を受容し、子ども自身の表現しようとする意欲を受け止めて、子どもが生活の中で子どもらしい様々な表現を楽しむことができるようにすること。

③生活経験や発達に応じ、自ら様々な表現を楽しみ、表現する意欲を十分に発揮させることができるように、遊具や用具などを整えたり、様々な素材や表現の仕方に親しんだり、他の子どもの表現に触れられるよう配慮したりし、表現する過程を大切にして自己表現を楽しめるように工夫すること。

保育所保育指針

（3） 保育の実施に関わる配慮事項

ア　第1章の4の（2）に示す「幼児期の終わりまでに育ってほしい姿」が、ねらい及び内容に基づく活動全体を通して資質・能力が育まれている子どもの小学校就学時の具体的な姿であることを踏まえ、指導を行う際には適宜考慮すること。

イ　子どもの発達や成長の援助をねらいとした活動の時間については、意識的に保育の計画等において位置付けて、実施することが重要であること。なお、そのような活動の時間については、保護者の就労状況等に応じて子どもが保育所で過ごす時間がそれぞれ異なることに留意して設定すること。

ウ　特に必要な場合には、各領域に示すねらいの趣旨に基づいて、具体的な内容を工夫し、それを加えても差し支えないが、その場合には、それが第1章の1に示す保育所保育に関する基本原則を逸脱しないよう慎重に配慮する必要があること。

4　保育の実施に関して留意すべき事項

（1） 保育全般に関わる配慮事項

ア　子どもの心身の発達及び活動の実態などの個人差を踏まえるとともに、一人一人の子どもの気持ちを受け止め、援助すること。

イ　子どもの健康は、生理的・身体的な育ちとともに、自主性や社会性、豊かな感性の育ちとがあいまってもたらされることに留意すること。

ウ　子どもが自ら周囲に働きかけ、試行錯誤しつつ自分の力で行う活動を見守りながら、適切に援助すること。

エ　子どもの入所時の保育に当たっては、できるだけ個別的に対応し、子どもが安定感を得て、次第に保育所の生活になじんでいくようにするとともに、既に入所している子どもに不安や動揺を与えないようにすること。

オ　子どもの国籍や文化の違いを認め、互いに尊重する心を育てるよう

8

187

にすること。

カ　子どもの性差や個人差にも留意しつつ、性別などによる固定的な意識を植え付けることがないようにすること。

（2）　小学校との連携

ア　保育所においては、保育所保育が、小学校以降の生活や学習の基盤の育成につながることに配慮し、幼児期にふさわしい生活を通じて、創造的な思考や主体的な生活態度などの基礎を培うようにすること。

イ　保育所保育において育まれた資質・能力を踏まえ、小学校教育が円滑に行われるよう、小学校教師との意見交換や合同の研究の機会などを設け、第1章の4の（2）に示す「幼児期の終わりまでに育って欲しい姿」を共有するなど連携を図り、保育所保育と小学校教育との円滑な接続を図るよう努めること。

ウ　子どもに関する情報共有に関して、保育所に入所している子どもの就学に際し、市町村の支援の下に、子どもの育ちを支えるための資料が保育所から小学校へ送付されるようにすること。

（3）　家庭及び地域社会との連携

子どもの生活の連続性を踏まえ、家庭及び地域社会と連携して保育が展開されるよう配慮すること。その際、家庭や地域の機関及び団体の協力を得て、地域の自然、高齢者や異年齢の子ども等を含む人材、行事、施設等の地域の資源を積極的に活用し、豊かな生活体験をはじめ保育内容の充実が図られるよう配慮すること。

第3章　健康及び安全

保育所保育において、子どもの健康及び安全の確保は、子どもの生命の保持と健やかな生活の基本であり、一人一人の子どもの健康の保持及び増進並びに安全の確保とともに、保育所全体における健康及び安全の確保に努めることが重要となる。

保育所保育指針

　また、子どもが、自らの体や健康に関心をもち、心身の機能を高めていくことが大切である。

　このため、第1章及び第2章等の関連する事項に留意し、次に示す事項を踏まえ、保育を行うこととする。

1　子どもの健康支援

（1）　子どもの健康状態並びに発育及び発達状態の把握

ア　子どもの心身の状態に応じて保育するために、子どもの健康状態並びに発育及び発達状態について、定期的・継続的に、また、必要に応じて随時、把握すること。

イ　保護者からの情報とともに、登所時及び保育中を通じて子どもの状態を観察し、何らかの疾病が疑われる状態や傷害が認められた場合には、保護者に連絡するとともに、嘱託医と相談するなど適切な対応を図ること。看護師等が配置されている場合には、その専門性を生かした対応を図ること。

ウ　子どもの心身の状態等を観察し、不適切な養育の兆候が見られる場合には、市町村や関係機関と連携し、児童福祉法第25条に基づき、適切な対応を図ること。また、虐待が疑われる場合には、速やかに市町村又は児童相談所に通告し、適切な対応を図ること。

（2）　健康増進

ア　子どもの健康に関する保健計画を全体的な計画に基づいて作成し、全職員がそのねらいや内容を踏まえ、一人一人の子どもの健康の保持及び増進に努めていくこと。

イ　子どもの心身の健康状態や疾病等の把握のために、嘱託医等により定期的に健康診断を行い、その結果を記録し、保育に活用するとともに、保護者が子どもの状態を理解し、日常生活に活用できるようにすること。

8　付録

（3）　疾病等への対応

ア　保育中に体調不良や傷害が発生した場合には、その子どもの状態等
　に応じて、保護者に連絡するとともに、適宜、嘱託医や子どものかか
　りつけ医等と相談し、適切な処置を行うこと。看護師等が配置されて
　いる場合には、その専門性を生かした対応を図ること。

イ　感染症やその他の疾病の発生予防に努め、その発生や疑いがある場
　合には、必要に応じて嘱託医、市町村、保健所等に連絡し、その指示
　に従うとともに、保護者や全職員に連絡し、予防等について協力を求
　めること。また、感染症に関する保育所の対応方法等について、あら
　かじめ関係機関の協力を得ておくこと。看護師等が配置されている場
　合には、その専門性を生かした対応を図ること。

ウ　アレルギー疾患を有する子どもの保育については、保護者と連携し、
　医師の診断及び指示に基づき、適切な対応を行うこと。また、食物ア
　レルギーに関して、関係機関と連携して、当該保育所の体制構築など、
　安全な環境の整備を行うこと。看護師や栄養士等が配置されている場
　合には、その専門性を生かした対応を図ること。

エ　子どもの疾病等の事態に備え、医務室等の環境を整え、救急用の薬
　品、材料等を適切な管理の下に常備し、全職員が対応できるようにし
　ておくこと。

2　食育の推進

（1）　保育所の特性を生かした食育

ア　保育所における食育は、健康な生活の基本としての「食を営む力」
　の育成に向け、その基礎を培うことを目標とすること。

イ　子どもが生活と遊びの中で、意欲をもって食に関わる体験を積み重
　ね、食べることを楽しみ、食事を楽しみ合う子どもに成長していくこ
　とを期待するものであること。

ウ　乳幼児期にふさわしい食生活が展開され、適切な援助が行われるよ

う、食事の提供を含む食育計画を全体的な計画に基づいて作成し、その評価及び改善に努めること。栄養士が配置されている場合は、専門性を生かした対応を図ること。

（2） 食育の環境の整備等

ア　子どもが自らの感覚や体験を通して、自然の恵みとしての食材や食の循環・環境への意識、調理する人への感謝の気持ちが育つように、子どもと調理員等との関わりや、調理室など食に関わる保育環境に配慮すること。

イ　保護者や地域の多様な関係者との連携及び協働の下で、食に関する取組が進められること。また、市町村の支援の下に、地域の関係機関等との日常的な連携を図り、必要な協力が得られるよう努めること。

ウ　体調不良、食物アレルギー、障害のある子どもなど、一人一人の子どもの心身の状態等に応じ、嘱託医、かかりつけ医等の指示や協力の下に適切に対応すること。栄養士が配置されている場合は、専門性を生かした対応を図ること。

3　環境及び衛生管理並びに安全管理

（1） 環境及び衛生管理

ア　施設の温度、湿度、換気、採光、音などの環境を常に適切な状態に保持するとともに、施設内外の設備及び用具等の衛生管理に努めること。

イ　施設内外の適切な環境の維持に努めるとともに、子ども及び全職員が清潔を保つようにすること。また、職員は衛生知識の向上に努めること。

（2） 事故防止及び安全対策

ア　保育中の事故防止のために、子どもの心身の状態等を踏まえつつ、施設内外の安全点検に努め、安全対策のために全職員の共通理解や体制づくりを図るとともに、家庭や地域の関係機関の協力の下に安全指

導を行うこと。

イ　事故防止の取組を行う際には、特に、睡眠中、プール活動・水遊び中、食事中等の場面では重大事故が発生しやすいことを踏まえ、子どもの主体的な活動を大切にしつつ、施設内外の環境の配慮や指導の工夫を行うなど、必要な対策を講じること。

ウ　保育中の事故の発生に備え、施設内外の危険箇所の点検や訓練を実施するとともに、外部からの不審者等の侵入防止のための措置や訓練など不測の事態に備えて必要な対応を行うこと。また、子どもの精神保健面における対応に留意すること。

4　災害への備え

（1）　施設・設備等の安全確保

ア　防火設備、避難経路等の安全性が確保されるよう、定期的にこれらの安全点検を行うこと。

イ　備品、遊具等の配置、保管を適切に行い、日頃から、安全環境の整備に努めること。

（2）　災害発生時の対応体制及び避難への備え

ア　火災や地震などの災害の発生に備え、緊急時の対応の具体的内容及び手順、職員の役割分担、避難訓練計画等に関するマニュアルを作成すること。

イ　定期的に避難訓練を実施するなど、必要な対応を図ること。

ウ　災害の発生時に、保護者等への連絡及び子どもの引渡しを円滑に行うため、日頃から保護者との密接な連携に努め、連絡体制や引渡し方法等について確認をしておくこと。

（3）　地域の関係機関等との連携

ア　市町村の支援の下に、地域の関係機関との日常的な連携を図り、必要な協力が得られるよう努めること。

イ　避難訓練については、地域の関係機関や保護者との連携の下に行う

保育所保育指針

など工夫すること。

第4章　子育て支援

保育所における保護者に対する子育て支援は、全ての子どもの健やかな育ちを実現することができるよう、第1章及び第2章等の関連する事項を踏まえ、子どもの育ちを家庭と連携して支援していくとともに、保護者及び地域が有する子育てを自ら実践する力の向上に資するよう、次の事項に留意するものとする。

1　保育所における子育て支援に関する基本的事項
（1）　保育所の特性を生かした子育て支援
ア　保護者に対する子育て支援を行う際には、各地域や家庭の実態等を踏まえるとともに、保護者の気持ちを受け止め、相互の信頼関係を基本に、保護者の自己決定を尊重すること。

イ　保育及び子育てに関する知識や技術など、保育士等の専門性や、子どもが常に存在する環境など、保育所の特性を生かし、保護者が子どもの成長に気付き子育ての喜びを感じられるように努めること。

（2）　子育て支援に関して留意すべき事項
ア　保護者に対する子育て支援における地域の関係機関等との連携及び協働を図り、保育所全体の体制構築に努めること。

イ　子どもの利益に反しない限りにおいて、保護者や子どものプライバシーを保護し、知り得た事柄の秘密を保持すること。

2　保育所を利用している保護者に対する子育て支援
（1）　保護者との相互理解
ア　日常の保育に関連した様々な機会を活用し子どもの日々の様子の伝達や収集、保育所保育の意図の説明などを通じて、保護者との相互理

解を図るよう努めること。

イ　保育の活動に対する保護者の積極的な参加は、保護者の子育てを自ら実践する力の向上に寄与することから、これを促すこと。

（2）　保護者の状況に配慮した個別の支援

ア　保護者の就労と子育ての両立等を支援するため、保護者の多様化した保育の需要に応じ、病児保育事業など多様な事業を実施する場合には、保護者の状況に配慮するとともに、子どもの福祉が尊重されるよう努め、子どもの生活の連続性を考慮すること。

イ　子どもに障害や発達上の課題が見られる場合には、市町村や関係機関と連携及び協力を図りつつ、保護者に対する個別の支援を行うよう努めること。

ウ　外国籍家庭など、特別な配慮を必要とする家庭の場合には、状況等に応じて個別の支援を行うよう努めること。

（3）　不適切な養育等が疑われる家庭への支援

ア　保護者に育児不安等が見られる場合には、保護者の希望に応じて個別の支援を行うよう努めること。

イ　保護者に不適切な養育等が疑われる場合には、市町村や関係機関と連携し、要保護児童対策地域協議会で検討するなど適切な対応を図ること。また、虐待が疑われる場合には、速やかに市町村又は児童相談所に通告し、適切な対応を図ること。

3　地域の保護者等に対する子育て支援

（1）　地域に開かれた子育て支援

ア　保育所は、児童福祉法第 48 条の 4 の規定に基づき、その行う保育に支障がない限りにおいて、地域の実情や当該保育所の体制等を踏まえ、地域の保護者等に対して、保育所保育の専門性を生かした子育て支援を積極的に行うよう努めること。

イ　地域の子どもに対する一時預かり事業などの活動を行う際には、一

保育所保育指針

人一人の子どもの心身の状態などを考慮するとともに、日常の保育との関連に配慮するなど、柔軟に活動を展開できるようにすること。

（2） 地域の関係機関等との連携

ア　市町村の支援を得て、地域の関係機関等との積極的な連携及び協働を図るとともに、子育て支援に関する地域の人材と積極的に連携を図るよう努めること。

イ　地域の要保護児童への対応など、地域の子どもを巡る諸課題に対し、要保護児童対策地域協議会など関係機関等と連携及び協力して取り組むよう努めること。

第5章　職員の資質向上

第1章から前章までに示された事項を踏まえ、保育所は、質の高い保育を展開するため、絶えず、一人一人の職員についての資質向上及び職員全体の専門性の向上を図るよう努めなければならない。

1　職員の資質向上に関する基本的事項

（1） 保育所職員に求められる専門性

子どもの最善の利益を考慮し、人権に配慮した保育を行うためには、職員一人一人の倫理観、人間性並びに保育所職員としての職務及び責任の理解と自覚が基盤となる。

各職員は、自己評価に基づく課題等を踏まえ、保育所内外の研修等を通じて、保育士・看護師・調理員・栄養士等、それぞれの職務内容に応じた専門性を高めるため、必要な知識及び技術の修得、維持及び向上に努めなければならない。

（2） 保育の質の向上に向けた組織的な取組

保育所においては、保育の内容等に関する自己評価等を通じて把握した、保育の質の向上に向けた課題に組織的に対応するため、保育内容の

8

195

8 付録

改善や保育士等の役割分担の見直し等に取り組むとともに、それぞれの職位や職務内容等に応じて、各職員が必要な知識及び技能を身につけられるよう努めなければならない。

2 施設長の責務

（1） 施設長の責務と専門性の向上

施設長は、保育所の役割や社会的責任を遂行するために、法令等を遵守し、保育所を取り巻く社会情勢等を踏まえ、施設長としての専門性等の向上に努め、当該保育所における保育の質及び職員の専門性向上のために必要な環境の確保に努めなければならない。

（2） 職員の研修機会の確保等

施設長は、保育所の全体的な計画や、各職員の研修の必要性等を踏まえて、体系的・計画的な研修機会を確保するとともに、職員の勤務体制の工夫等により、職員が計画的に研修等に参加し、その専門性の向上が図られるよう努めなければならない。

3 職員の研修等

（1） 職場における研修

職員が日々の保育実践を通じて、必要な知識及び技術の修得、維持及び向上を図るとともに、保育の課題等への共通理解や協働性を高め、保育所全体としての保育の質の向上を図っていくためには、日常的に職員同士が主体的に学び合う姿勢と環境が重要であり、職場内での研修の充実が図られなければならない。

（2） 外部研修の活用

各保育所における保育の課題への的確な対応や、保育士等の専門性の向上を図るためには、職場内での研修に加え、関係機関等による研修の活用が有効であることから、必要に応じて、こうした外部研修への参加機会が確保されるよう努めなければならない。

保育所保育指針

4 研修の実施体制等

（1） 体系的な研修計画の作成

保育所においては、当該保育所における保育の課題や各職員のキャリアパス等も見据えて、初任者から管理職員までの職位や職務内容等を踏まえた体系的な研修計画を作成しなければならない。

（2） 組織内での研修成果の活用

外部研修に参加する職員は、自らの専門性の向上を図るとともに、保育所における保育の課題を理解し、その解決を実践できる力を身に付けることが重要である。また、研修で得た知識及び技能を他の職員と共有することにより、保育所全体としての保育実践の質及び専門性の向上につなげていくことが求められる。

（3） 研修の実施に関する留意事項

施設長等は保育所全体としての保育実践の質及び専門性の向上のために、研修の受講は特定の職員に偏ることなく行われるよう、配慮する必要がある。また、研修を修了した職員については、その職務内容等において、当該研修の成果等が適切に勘案されることが望ましい。

8 付録

保育所保育指針の適用に際しての留意事項について

平成 30 年 3 月 30 日　子保発 0330 第 2 号

　平成 30 年 4 月 1 日より保育所保育指針（平成 29 年厚生労働省告示第 117 号。以下「保育所保育指針」という。）が適用されるが、その適用に際しての留意事項は、下記のとおりであるため、十分御了知の上、貴管内の市区町村、保育関係者等に対して遅滞なく周知し、その運用に遺漏のないよう御配慮願いたい。

　なお、本通知は、地方自治法（昭和 22 年法律第 67 号）第 245 条の 4 第 1 項の規定に基づく技術的助言である。

　また、本通知をもって、「保育所保育指針の施行に際しての留意事項について」（平成 20 年 3 月 28 日付け雇児保発第 0328001 号厚生労働省雇用均等・児童家庭局保育課長通知）を廃止する。

記

1．保育所保育指針の適用について

（1）保育所保育指針の保育現場等への周知について

　平成 30 年 4 月 1 日より保育所保育指針が適用されるに当たり、その趣旨及び内容が、自治体の職員、保育所、家庭的保育事業者等及び認可外保育施設の保育関係者、指定保育士養成施設の関係者、子育て中の保護者等に十分理解され、保育現場における保育の実践、保育士養成課程の教授内容等に十分反映されるよう、改めて周知を図られたい。

　なお、周知に当たっては、保育所保育指針の内容の解説、保育を行う上での留意点等を記載した「保育所保育指針解説」を厚生労働省のホームページに公開しているので、当該解説を活用されたい。

○ 保育所保育指針解説

http://www.mhlw.go.jp/file/06-Seisakujouhou-11900000-

Koyoukintoujidoukateikyoku/kaisetu.pdf

（２）保育所保育指針に関する指導監査について

「児童福祉行政指導監査の実施について」(平成 12 年 4 月 25 日付け
児発第 471 号厚生省児童家庭局長通知) に基づき、保育所保育指針に関
する保育所の指導監査を実施する際には、以下①から③までの内容に留
意されたい。

①保育所保育指針において、具体的に義務や努力義務が課せられている
　事項を中心に実施すること。

②他の事項に関する指導監査とは異なり、保育の内容及び運営体制につ
　いて、各保育所の創意工夫や取組を尊重しつつ、取組の結果のみでは
　なく、取組の過程（※１）に着目して実施すること。

　（※１．保育所保育指針第１章の３（１）から（５）までに示す、全体
　　　　的な計画の作成、指導計画の作成、指導計画の展開、保育の内容
　　　　等の評価及び評価を踏まえた計画の改善等)

③保育所保育指針の参考資料として取りまとめた「保育所保育指針解説」
　のみを根拠とした指導等を行うことのないよう留意すること。

２．小学校との連携について

　保育所においては、保育所保育指針に示すとおり、保育士等が、自ら
の保育実践の過程を振り返り、子どもの心の育ち、意欲等について理解
を深め、専門性の向上及び保育実践の改善に努めることが求められる。
また、その内容が小学校（義務教育学校の前期課程及び特別支援学校の
小学部を含む。以下同じ。）に適切に引き継がれ、保育所保育において
育まれた資質・能力を踏まえて小学校教育が円滑に行われるよう、保育
所と小学校との間で「幼児期の終わりまでに育ってほしい姿」を共有す
るなど、小学校との連携を図ることが重要である。

　このような認識の下、保育所と小学校との連携を確保するという観点

8　付録

から、保育所から小学校に子どもの育ちを支えるための資料として、従前より保育所児童保育要録が送付されるよう求めているが、保育所保育指針第2章の4（2）「小学校との連携」に示す内容を踏まえ、今般、保育所児童保育要録について、

- 養護及び教育が一体的に行われるという保育所保育の特性を踏まえた記載事項
- 「幼児期の終わりまでに育ってほしい姿」の活用、特別な配慮を要する子どもに関する記載内容等の取扱い上の注意事項

等について見直し（※2）を行った。見直し後の保育所児童保育要録の取扱い等については、以下（1）及び（2）に示すとおりであるので留意されたい。

（※2．見直しの趣旨等については、別添2「保育所児童保育要録の見直し等について（検討の整理）（2018（平成30）年2月7日保育所児童保育要録の見直し検討会）」参照）

（1）保育所児童保育要録の取扱いについて

ア　記載事項

　保育所児童保育要録には、別添1「保育所児童保育要録に記載する事項」に示す事項を記載すること。

なお、各市区町村においては、地域の実情等を踏まえ、別紙資料を参考として様式を作成し、管内の保育所に配布すること。

イ　実施時期

　本通知を踏まえた保育所児童保育要録の作成は、平成30年度から実施すること。なお、平成30年度の保育所児童保育要録の様式を既に用意している場合には、必ずしも新たな様式により保育所児童保育要録を作成する必要はないこと。

ウ　取扱い上の注意

（ア）　保育所児童保育要録の作成、送付及び保存については、以下①か

ら③までの取扱いに留意すること。また、各市区町村においては、保育所児童保育要録が小学校に送付されることについて市区町村教育委員会にあらかじめ周知を行うなど、市区町村教育委員会との連携を図ること。

① 保育所児童保育要録は、最終年度の子どもについて作成すること。作成に当たっては、施設長の責任の下、担当の保育士が記載すること。

② 子どもの就学に際して、作成した保育所児童保育要録の抄本又は写しを就学先の小学校の校長に送付すること。

③ 保育所においては、作成した保育所児童保育要録の原本等について、その子どもが小学校を卒業するまでの間保存することが望ましいこと。

（イ） 保育所児童保育要録の作成に当たっては、保護者との信頼関係を基盤として、保護者の思いを踏まえつつ記載するとともに、その送付について、入所時や懇談会等を通して、保護者に周知しておくことが望ましいこと。その際には、個人情報保護及び情報開示の在り方に留意すること。

（ウ） 障害や発達上の課題があるなど特別な配慮を要する子どもについて「保育の過程と子どもの育ちに関する事項」及び「最終年度に至るまでの育ちに関する事項」を記載する際には、診断名及び障害の特性のみではなく、その子どもが育ってきた過程について、その子どもの抱える生活上の課題、人との関わりにおける困難等に応じて行われてきた保育における工夫及び配慮を考慮した上で記載すること。

　なお、地域の身近な場所で一貫して効果的に支援する体制を構築する観点から、保育所、児童発達支援センター等の関係機関で行われてきた支援が就学以降も継続するように、保護者の意向及び個人情報の取扱いに留意しながら、必要に応じて、保育所における支援の情報を小学校と共有することが考えられること。

（エ） 配偶者からの暴力の被害者と同居する子どもについては、保育児

童保育要録の記述を通じて就学先の小学校名や所在地等の情報が配偶者（加害者）に伝わることが懸念される場合がある。このような特別の事情がある場合には、「配偶者からの暴力の被害者の子どもの就学について（通知）」（平成 21 年 7 月 13 日付け 21 生参学第 7 号文部科学省生涯学習政策局男女共同参画学習課長・文部科学省初等中等教育局初等中等教育企画課長連名通知）を参考に、関係機関等との連携を図りながら、適切に情報を取り扱うこと。

（オ）　保育士等の専門性の向上や負担感の軽減を図る観点から、情報の適切な管理を図りつつ、情報通信技術の活用により保育所児童保育要録に係る事務の改善を検討することも重要であること。なお、保育所児童保育要録について、情報通信技術を活用して書面の作成、送付及び保存を行うことは、現行の制度上も可能であること。

（カ）　保育所児童保育要録は、児童の氏名、生年月日等の個人情報を含むものであるため、個人情報の保護に関する法律 (平成 15 年法律第 57 号) 等を踏まえて適切に個人情報を取り扱うこと。なお、個人情報の保護に関する法令上の取扱いは以下の①及び②のとおりである。

① 公立の保育所については、各市区町村が定める個人情報保護条例に準じた取扱いとすること。

② 私立の保育所については、個人情報の保護に関する法律第 2 条第 5 項に規定する個人情報取扱事業者に該当し、原則として個人情報を第三者に提供する際には本人の同意が必要となるが、保育所保育指針第 2 章の 4 （ 2 ）ウに基づいて保育所児童保育要録を送付する場合においては、同法第 23 条第 1 項第 1 号に掲げる法令に基づく場合に該当するため、第三者提供について本人（保護者）の同意は不要であること。

エ　保育所型認定こども園における取扱い
　保育所型認定こども園においては、「幼保連携型認定こども園園児指導要録の改善及び認定こども園こども要録の作成等に関する留意事項等

について（通知）」（平成30年3月30日付け府子本第315号・29初幼教第17号・子保発0330第3号内閣府子ども・子育て本部参事官（認定こども園担当）・文部科学省初等中等教育局幼児教育課長・厚生労働省子ども家庭局保育課長連名通知）を参考にして、各市区町村と相談しつつ、各設置者等の創意工夫の下、同通知に基づく認定こども園こども要録（以下「認定こども園こども要録」という。）を作成することも可能であること。その際、送付及び保存についても同通知に準じて取り扱うこと。また、認定こども園こども要録を作成した場合には、同一の子どもについて、保育所児童保育要録を作成する必要はないこと。

（2）保育所と小学校との間の連携の促進体制について
　保育所と小学校との間の連携を一層促進するためには、地域における就学前後の子どもの育ち等について、地域の関係者が理解を共有することが重要であり、
・保育所、幼稚園、認定こども園、小学校等の関係者が参加する合同研修会、連絡協議会等を設置するなど、関係者の交流の機会を確保すること、
・保育所、幼稚園、認定こども園、小学校等の管理職が連携及び交流の意義及び重要性を理解し、組織として取組を進めること
等が有効と考えられるため、各自治体において、関係部局と連携し、これらの取組を積極的に支援・推進すること。

8

8 付録

別添1

保育所児童保育要録に記載する事項
（別紙資料1「様式の参考例」を参照）

○ 入所に関する記録

1　児童の氏名、性別、生年月日及び現住所

2　保護者の氏名及び現住所

3　児童の保育期間（入所及び卒所年月日）

4　児童の就学先（小学校名）

5　保育所名及び所在地

6　施設長及び担当保育士氏名

○ 保育に関する記録

　保育に関する記録は、保育所において作成した様々な記録の内容を踏まえて、最終年度（小学校就学の始期に達する直前の年度）の1年間における保育の過程と子どもの育ちを要約し、就学に際して保育所と小学校が子どもに関する情報を共有し、子どもの育ちを支えるための資料としての性格を持つものとすること。

　また、保育所における保育は、養護及び教育を一体的に行うことをその特性とするものであり、保育所における保育全体を通じて、養護に関するねらい及び内容を踏まえた保育が展開されることを念頭に置き、記載すること。

1　保育の過程と子どもの育ちに関する事項

　最終年度における保育の過程及び子どもの育ちについて、次の視点から記入すること。

（1）最終年度の重点

　年度当初に、全体的な計画に基づき長期の見通しとして設定したもの

を記入すること。

（2）個人の重点

　1年間を振り返って、子どもの指導について特に重視してきた点を記入すること。

（3）保育の展開と子どもの育ち

　次の事項について記入すること。

①最終年度の1年間の保育における指導の過程及び子どもの発達の姿について、以下の事項を踏まえ記入すること。

　•保育所保育指針第2章「保育の内容」に示された各領域のねらいを視点として、子どもの発達の実情から向上が著しいと思われるもの。その際、他の子どもとの比較や一定の基準に対する達成度についての評定によって捉えるものではないことに留意すること。

　•保育所の生活を通して全体的、総合的に捉えた子どもの発達の姿。

②就学後の指導に必要と考えられる配慮事項等について記入すること。

③記入に当たっては、特に小学校における子どもの指導に生かされるよう、保育所保育指針第1章「総則」に示された「幼児期の終わりまでに育ってほしい姿」を活用して子どもに育まれている資質・能力を捉え、指導の過程と育ちつつある姿をわかりやすく記入するように留意すること。その際、別紙資料1に示す「幼児期の終わりまでに育ってほしい姿について」を参照するなどして、「幼児期の終わりまでに育ってほしい姿」の趣旨や内容を十分に理解するとともに、これらが到達すべき目標ではないことに留意し、項目別に子どもの育ちつつある姿を記入するのではなく、全体的かつ総合的に捉えて記入すること。

（4）特に配慮すべき事項

　子どもの健康の状況等、就学後の指導における配慮が必要なこととして、特記すべき事項がある場合に記入すること。

8 付録

2 最終年度に至るまでの育ちに関する事項

　子どもの入所時から最終年度に至るまでの育ちに関して、最終年度における保育の過程と子どもの育ちの姿を理解する上で、特に重要と考えられることを記入すること。

保育所児童保育要録に記載する事項

〔様式の参考例〕

別紙資料1

保育所児童保育要録（入所に関する記録）

児童	ふりがな 氏　名		性　別	
		年　　　　月　　　　日生		
	現住所			
保護者	ふりがな 氏　名			
	現住所			
入　所	年　　　月　　　日	卒　所	年　　　月　　　日	
就学先				
保育所名 及び所在地				
施　設　長 氏　　　名				
担当保育士 氏　　　名				

8

207

8　付録

〔様式の参考例〕

保育所児童保育要録（保育に関する記録）

本資料は、就学に際して保育所と小学校（義務教育学校の前期課程及び特別支援学校の小学部を含む。）が子どもに関する情報を共有し、子どもの育ちを支えるための資料である。

ふりがな 氏名		保育の過程と子どもの育ちに関する事項	最終年度に至るまでの育ちに関する事項
		（最終年度の重点）	
生年月日	年　　月　　日		
性別		（個人の重点）	
ね　ら　い （発達を捉える視点）		（保育の展開と子どもの育ち）	
健康	明るく伸び伸びと行動し、充実感を味わう。		
	自分の体を十分に動かし、進んで運動しようとする。		
	健康、安全な生活に必要な習慣や態度を身に付け、見通しをもって行動する。		
人間関係	保育所の生活を楽しみ、自分の力で行動することの充実感を味わう。		
	身近な人と親しみ、関わりを深め、工夫したり、協力したりして一緒に活動する楽しさを味わい、愛情や信頼感をもつ。		
	社会生活における望ましい習慣や態度を身に付ける。		幼児期の終わりまでに育ってほしい姿
環境	身近な環境に親しみ、自然と触れ合う中で様々な事象に興味や関心をもつ。		姿各項目の内容等については、別紙に示す「幼児期の終わりまでに育ってほしい姿について」を参照すること。
	身近な環境に自分から関わり、発見を楽しんだり、考えたりし、それを生活に取り入れようとする。		
	身近な事象を見たり、考えたり、扱ったりする中で、物の性質や数量、文字などに対する感覚を豊かにする。		健康な心と体
言葉	自分の気持ちを言葉で表現する楽しさを味わう。		自立心
	人の言葉や話などをよく聞き、自分の経験したことや考えたことを話し、伝え合う喜びを味わう。		協同性
			道徳性・規範意識の芽生え
	日常生活に必要な言葉が分かるようになるとともに、絵本や物語などに親しみ、言葉に対する感覚を豊かにし、保育士等や友達と心を通わせる。		社会生活との関わり
			思考力の芽生え
表現	いろいろなものの美しさなどに対する豊かな感性をもつ。		自然との関わり・生命尊重
			数量や図形、標識や文字などへの関心・感覚
	感じたことや考えたことを自分なりに表現して楽しむ。	（特に配慮すべき事項）	言葉による伝え合い
	生活の中でイメージを豊かにし、様々な表現を楽しむ。		豊かな感性と表現

保育所における保育は、養護及び教育を一体的に行うことをその特性とするものであり、保育所における保育全体を通じて、養護に関するねらい及び内容を踏まえた保育が展開されることを念頭に置き、次の各事項を記入すること。
○保育の過程と子どもの育ちに関する事項
＊最終年度の重点：年度当初に、全体的な計画に基づき長期の見通しとして設定したものを記入すること。
＊個人の重点：1年間を振り返って、子どもの指導について特に重視してきた点を記入すること。
＊保育の展開と子どもの育ち：最終年度の1年間の保育における指導の過程と子どもの発達の姿（保育所保育指針第2章「保育の内容」に示された各領域のねらいを視点として、子どもの発達の実情から向上が著しいと思われるもの）を、保育所の生活を通じて全体的、総合的に捉えて記入すること。その際、他の子どもとの比較や一定の基準に対する達成度についての評定によって捉えるものではないことに留意すること。あわせて、就学後の指導に必要と考えられる配慮事項等について記入すること。別紙を参照し、「幼児期の終わりまでに育ってほしい姿」を活用して子どもに育まれている資質・能力を捉え、指導の過程と育ちつつある姿をわかりやすく記入するように留意すること。
＊特に配慮すべき事項：子どもの健康の状況等、就学後の指導において配慮が必要なこととして、特記すべき事項がある場合に記入すること。
○最終年度に至るまでの育ちに関する事項
　子どもが入所時から最終年度に至るまでの育ちに関し、最終年度における保育の過程と子どもの育ちの姿を理解する上で、特に重要と考えられることを記入すること。

208

保育所児童保育要録に記載する事項

〔様式の参考例〕

（別紙）

幼児期の終わりまでに育ってほしい姿について

保育所保育指針第1章「総則」に示された「幼児期の終わりまでに育ってほしい姿」は、保育所保育指針第2章「保育の内容」に示されたねらい及び内容に基づいて、各保育所で、乳幼児期にふさわしい生活や遊びを積み重ねることにより、保育所保育において育みたい資質・能力が育まれている子どもの具体的な姿であり、特に小学校就学の始期に達する直前の年度の後半に見られるようになる姿である。「幼児期の終わりまでに育ってほしい姿」は、とりわけ子どもの自発的な活動としての遊びを通して、一人一人の発達の特性に応じて、これらの姿が育っていくものであり、全ての子どもに同じように見られるものではないことに留意すること。

健康な心と体	保育所の生活の中で、充実感をもって自分のやりたいことに向かって心と体を十分に働かせ、見通しをもって行動し、自ら健康で安全な生活をつくり出すようになる。
自立心	身近な環境に主体的に関わり様々な活動を楽しむ中で、しなければならないことを自覚し、自分の力で行うために考えたり、工夫したりしながら、諦めずにやり遂げることで達成感を味わい、自信をもって行動するようになる。
協同性	友達と関わる中で、互いの思いや考えなどを共有し、共通の目的の実現に向けて、考えたり、工夫したり、協力したりし、充実感をもってやり遂げるようになる。
道徳性・規範意識の芽生え	友達と様々な体験を重ねる中で、してよいことや悪いことが分かり、自分の行動を振り返ったり、友達の気持ちに共感したりし、相手の立場に立って行動するようになる。また、きまりを守る必要性が分かり、自分の気持ちを調整し、友達と折り合いを付けながら、きまりをつくったり、守ったりするようになる。
社会生活との関わり	家族を大切にしようとする気持ちをもつとともに、地域の身近な人と触れ合う中で、人との様々な関わり方に気付き、相手の気持ちを考えて関わり、自分が役に立つ喜びを感じ、地域に親しみをもつようになる。また、保育所内外の様々な環境に関わる中で、遊びや生活に必要な情報を取り入れ、情報に基づき判断したり、情報を伝え合ったり、活用したりするなど、情報を役立てながら活動するようになるとともに、公共の施設を大切に利用するなどして、社会とのつながりなどを意識するようになる。
思考力の芽生え	身近な事象に積極的に関わる中で、物の性質や仕組みなどを感じ取ったり、気付いたりし、考えたり、予想したり、工夫したりするなど、多様な関わりを楽しむようになる。また、友達の様々な考えに触れる中で、自分と異なる考えがあることに気付き、自ら判断したり、考え直したりするなど、新しい考えを生み出す喜びを味わいながら、自分の考えをよりよいものにするようになる。
自然との関わり・生命尊重	自然に触れて感動する体験を通して、自然の変化などを感じ取り、好奇心や探究心をもって考え言葉などで表現しながら、身近な事象への関心が高まるとともに、自然への愛情や畏敬の念をもつようになる。また、身近な動植物に心を動かされる中で、生命の不思議さや尊さに気付き、身近な動植物への接し方を考え、命あるものとしていたわり、大切にする気持ちをもって関わるようになる。
数量や図形、標識や文字などへの関心・感覚	遊びや生活の中で、数量や図形、標識や文字などに親しむ体験を重ねたり、標識や文字の役割に気付いたりし、自らの必要感に基づきこれらを活用し、興味や関心、感覚をもつようになる。
言葉による伝え合い	保育士等や友達と心を通わせる中で、絵本や物語などに親しみながら、豊かな言葉や表現を身に付け、経験したことや考えたことなどを言葉で伝えたり、相手の話を注意して聞いたりし、言葉による伝え合いを楽しむようになる。
豊かな感性と表現	心を動かす出来事などに触れ感性を働かせる中で、様々な素材の特徴や表現の仕方などに気付き、感じたことや考えたことを自分で表現したり、友達同士で表現する過程を楽しんだりし、表現する喜びを味わい、意欲をもつようになる。

保育所児童保育要録（保育に関する記録）の記入に当たっては、特に小学校における子どもの指導に生かされるよう、「幼児期の終わりまでに育ってほしい姿」を活用して子どもに育まれている資質・能力を捉え、指導の過程と育ちつつある姿をわかりやすく記入するように留意すること。
　また、「幼児期の終わりまでに育ってほしい姿」が到達すべき目標ではないことに留意し、項目別に子どもの育ちつつある姿を記入するのではなく、全体的、総合的に捉えて記入すること。

学校教育法（抄）　　昭和22年3月31日法律第26号

一部改正：平成29年5月31日法律第41号

第3章　幼稚園

第22条　幼稚園は、義務教育及びその後の教育の基礎を培うものとして、幼児を保育し、幼児の健やかな成長のために適当な環境を与えて、その心身の発達を助長することを目的とする。

第23条　幼稚園における教育は、前条に規定する目的を実現するため、次に掲げる目標を達成するよう行われるものとする。

1　健康、安全で幸福な生活のために必要な基本的な習慣を養い、身体諸機能の調和的発達を図ること。

2　集団生活を通じて、喜んでこれに参加する態度を養うとともに家族や身近な人への信頼感を深め、自主、自律及び協同の精神並びに規範意識の芽生えを養うこと。

3　身近な社会生活、生命及び自然に対する興味を養い、それらに対する正しい理解と態度及び思考力の芽生えを養うこと。

4　日常の会話や、絵本、童話等に親しむことを通じて、言葉の使い方を正しく導くとともに、相手の話を理解しようとする態度を養うこと。

5　音楽、身体による表現、造形等に親しむことを通じて、豊かな感性と表現力の芽生えを養うこと。

第24条　幼稚園においては、第22条に規定する目的を実現するための教育を行うほか、幼児期の教育に関する各般の問題につき、保護者及び地域住民その他の関係者からの相談に応じ、必要な情報の提供及び助言を行うなど、家庭及び地域における幼児期の教育の支援に努めるものとする。

第25条　幼稚園の教育課程その他の保育内容に関する事項は、第22条

学校教育法（抄）

及び第23条の規定に従い、文部科学大臣が定める。

第26条　幼稚園に入園することのできる者は、満3歳から、小学校就学の始期に達するまでの幼児とする。

第8章　特別支援教育

第81条　幼稚園、小学校、中学校、義務教育学校、高等学校及び中等教育学校においては、次項各号のいずれかに該当する幼児、児童及び生徒その他教育上特別の支援を必要とする幼児、児童及び生徒に対し、文部科学大臣の定めるところにより、障害による学習上又は生活上の困難を克服するための教育を行うものとする。

（第2項及び第3項　略）

学校教育法施行規則(抄)

昭和 22 年 5 月 23 日 文部省令第 11 号
一部改正：平成 29 年 9 月 13 日 文部科学省令第 36 号

第 1 章　総　則

第 3 節　管理
第 24 条　校長は、その学校に在学する児童等の指導要録（学校教育法施行令第 31 条に規定する児童等の学習及び健康の状況を記録した書類の原本をいう。以下同じ。）を作成しなければならない。

②校長は、児童等が進学した場合においては、その作成に係る当該児童等の指導要録の抄本又は写しを作成し、これを進学先の校長に送付しなければならない。

③校長は、児童等が転学した場合においては、その作成に係る当該児童等の指導要録の写しを作成し、その写し（転学してきた児童等については転学により送付を受けた指導要録（就学前の子どもに関する教育、保育等の総合的な提供の推進に関する法律施行令（平成 26 年政令第 203 号）第 8 条に規定する園児の学習及び健康の状況を記録した書類の原本を含む。）の写しを含む。）及び前項の抄本又は写しを転学先の校長、保育所の長又は認定こども園の長に送付しなければならない。

第 28 条　学校において備えなければならない表簿は、概ね次のとおりとする。

1　学校に関係のある法令

2　学則、日課表、教科用図書配当表、学校医執務記録簿、学校歯科医執務記録簿、学校薬剤師執務記録簿及び学校日誌

3　職員の名簿、履歴書、出勤簿並びに担任学級、担任の教科又は科目及び時間表

学校教育法施行規則（抄）

4　指導要録、その写し及び抄本並びに出席簿及び健康診断に関する表簿

5　入学者の選抜及び成績考査に関する表簿

6　資産原簿、出納簿及び経費の予算決算についての帳簿並びに図書機械器具、標本、模型等の教具の目録

7　往復文書処理簿

②前項の表簿（第24条第2項の抄本又は写しを除く。）は、別に定めるもののほか、5年間保存しなければならない。ただし、指導要録及びその写しのうち入学、卒業等の学籍に関する記録については、その保存期間は、20年間とする。

③学校教育法施行令第31条の規定により指導要録及びその写しを保存しなければならない期間は、前項のこれらの書類の保存期間から当該学校においてこれらの書類を保存していた期間を控除した期間とする。

第3章　幼稚園

第36条　幼稚園の設備、編制その他設置に関する事項は、この章に定めるもののほか、幼稚園設置基準（昭和31年文部省令第32号）の定めるところによる。

第37条　幼稚園の毎学年の教育週数は、特別の事情のある場合を除き、39週を下ってはならない。

第38条　幼稚園の教育課程その他の保育内容については、この章に定めるもののほか、教育課程その他の保育内容の基準として文部科学大臣が別に公示する幼稚園教育要領によるものとする。

8

213

保育所児童保育要録研究委員会・編集委員

代　　　表／關　章信　　（公財）幼少年教育研究所理事長
　　　　　　　　　　　　福島県・福島めばえ幼稚園理事長・園長

編集委員長／安見克夫　　東京都・板橋富士見幼稚園園長／
　　　　　　　　　　　　東京成徳短期大学教授
副 委 員 長／兵頭惠子　　（公財）幼少年教育研究所顧問
　　　　　　伊藤ちはる　福島県・福島めばえ幼稚園副園長
　　　　　　大澤洋美　　東京成徳短期大学教授
　　　　　　亀ヶ谷元譲　神奈川県・宮前幼稚園副園長
　　　　　　橋本真希　　東京都・明福寺ルンビニー学園
　　　　　　福井徹人　　東京都・明福寺ルンビニー学園学園長
　　　　　　松本純子　　東京成徳短期大学教授
　　　　　　松本紀子　　元品川区立西五反田第二保育園園長
　　　　　　町山太郎　　東京都・幼保連携型認定こども園
　　　　　　　　　　　　まどか幼稚園園長
　　　　　　水越美果　　神奈川県・横浜隼人幼稚園園長
　　　　　　若盛清美　　埼玉県・幼保連携型認定こども園
　　　　　　　　　　　　こどものもり副園長

表紙イラスト／イイダ ミカ
表紙デザイン／安井善太
本文デザイン／ニシ工芸株式会社
編集担当／菊池文教　乙黒亜希子

保育所児童保育要録　記入の実際と用語例

2019 年 1 月 24 日　改訂新版第 1 刷発行
2022 年 12 月 16 日　改訂新版第 2 刷発行

2009 年 7 月 14 日　初版

編　集／公益財団法人 幼少年教育研究所
　　　　保育所児童保育要録研究委員会
　　　　代表　關　章信（福島めばえ幼稚園理事長・園長）
発行人／西村保彦
発行所／鈴木出版株式会社
　　　　〒 101-0051　東京都千代田区神田神保町 2-3-1
　　　　　　　　　　岩波書店アネックスビル 5 F
　　　　TEL 03-6272-8011（代）　FAX 03-6272-8014
　　　　振替　00110-0-34090
　　　　ホームページ　http://www.suzuki-syuppan.co.jp/
印刷所／株式会社ウイル・コーポレーション

© （公財）幼少年教育研究所 2019　　　ISBN978-4-7902-7255-7　C2037
●乱丁、落丁は送料小社負担でお取り替えいたします。　●定価はカバーに表示してあります。